运动健康完全图解系列

EXERCISE IN ACTION

# STRENGTH TRAINING

# 力量锻炼

〔美〕霍利斯·兰斯·李普曼 著

徐冬青 译

天津出版传媒集团

天津科技翻译出版有限公司

著作权合同登记号:02-2015-146

图书在版编目(CIP)数据

力量锻炼/(美)李普曼(Liebman, H. L.)著;徐冬青译. —天津:天津科技翻译出版有限公司, 2016. 7

(运动健康完全图解系列)

书名原文:Exercise in Action: Strength Training

ISBN 978-7-5433-3598-1

Ⅰ. ①力… Ⅱ.①李… ②徐… Ⅲ. ①力量训练—图解 Ⅳ.①G808.14-64

中国版本图书馆 CIP 数据核字(2016)第 071827 号



授权单位: Moseley Road Inc.

出　　版: 天津科技翻译出版有限公司

出 版 人: 刘 庆

地　　址: 天津市南开区白堤路 244 号

邮政编码: 300192

电　　话: 022-87894896

传　　真: 022-87895650

网　　址: www.tsttpc.com

印　　刷: 天津市银博印刷集团有限公司

发　　行: 全国新华书店

版本记录: 787 × 1092　16 开本　10 印张　200 千字

2016 年 7 月第 1 版　2016 年 7 月第 1 次印刷

定价:48.00 元

(如发现印装问题,可与出版社调换)

# 目录

# 前言

人类进行力量训练已经有上千年的历史，最早可以追溯到古希腊时期的石制举重器材和多种描述举重的雕塑。到了近代，19 世纪晚期，哑铃和杠铃是主要的力量训练器材。20 世纪 60 年代，运动训练机开始出现。之后，随着阿诺德·施瓦辛格的纪录片《健美之路》的上映，引发了力量训练和健身的热潮，并成为当今主流的健身活动。

力量训练，也称抗阻训练，是人们提升运动水平和身体外观的重要手段。在对抗握持或其他阻力的情况下，目标肌肉或肌群通过特定动作或次数的重复收缩运动，以增强运动能力。一般而言，在营养和恢复充分的条件下，抗阻训练会使肌肉产生力量增强、体积增大等适应性变化。

不同类型的运动员和健身爱好者均需要进行力量练习。曾经普遍认为力量训练使运动员肌肉过于发达，导致运动迟缓，这一观点已经受到驳斥。世界各地的运动员和教练充分认识到，通过加大运动幅度和准确性训练，在训练日程中加入力量训练更能提高肌肉的力量和爆发力。

力量举重是运动员以尽可能少的次数负重举起最大的重量。运动员不关注单个特定肌肉的力量，而是强调全身多部位肌肉一起合作，协同发力，以便举起最大负重。这涉及用力的大小、速度、动量和技巧。

健美运动员或爱好者希望最大程度地展示肌肉的细节轮廓和发达程度，主要关注的是单块特定肌肉的发力，而尽量不牵涉辅助肌群。这主要通过以下方式来完成：保持步态与持续性，首先缓慢地拉伸开肌肉，然后爆发性地完成某个重复动作，并且在动作顶峰时达到肌肉的完全收缩。

如今，所有健身锻炼计划均包括力量训练。尽管心血管运动锻炼能有效地提高心脏功能，增强代谢和血液循环，但其对提升人体的体能水平的效果却不如力量训练。

只有通过抗阻训练才能改善人体的体形和身体成分，因此仅关注体重数字的变化是片面的。什么是人体的体脂百分比？什么是瘦体重？怎样理解身体质量？就肌肉而言，臂围 16 英寸*、皮下脂肪很少、二头肌静脉清晰可见的上臂显然比松软、臃肿、臂围 18 英寸、看不到血管的上臂更加健美。但就实际力量而言，18 英寸的上臂比皮下脂肪较少的瘦削上臂（臂围 16 英寸）更占优势，因为皮下脂肪在举重时可能有利于更多的缓冲和支撑。因此，要达到力量训练效果的最大化，不仅要针对肌肉练习，还要调动周围组织，以强化整个身体。

本书根据不同肌群划分章节，介绍每块肌肉最有效的强化练习方案。虽然某些运动形式，比如壶铃，不那么局限于单独肌肉，而是对身体组织有更高要求，每个章节都将带给练习者极大的收益。

为保证训练的效果和连贯性，训练的重复次数一般建议上肢 8~10 次，下肢 10~15 次。

*注：1 英寸（in）=2.54 厘米（cm）

# 拉伸与热身

拉伸与热身对身体非常重要，如同汽车在高速路上以105千米/小时行驶前需要钥匙启动点火开关一样必要。未预热的、凝滞的肌肉相比预热的、舒展的肌肉其适应性较差，易于损伤。不过，准备活动不可过度，肌肉达到适宜运动动作发挥的最佳状态即可。

# 髂胫束拉伸

髂胫束拉伸与肌肉拉伸明显不同，因为髂胫束是粗厚的纤维筋膜，没有肌肉纤维的弹性。针对背、髋、膝等不同部位的问题，髂胫束拉伸方法亦不相同。

**第一步：**站立位，交叉右脚置于左踝后方。

**第二步：**向前屈身弯腰，尽可能双手指尖触地，或手握脚尖，或双手掌平置于地。

**第三步：**保持 20 秒，重复；之后交换双腿，重复整个过程。

### 动作要领

- 确保整个动作缓慢进行。

### 避免

- 双腿过度伸展。

目标肌肉

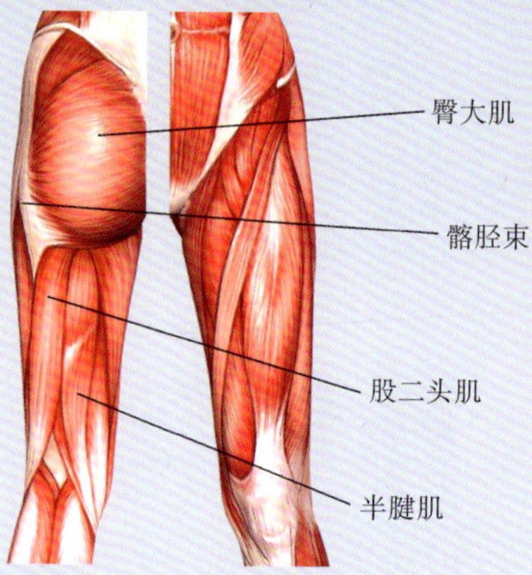


臀肌和髂胫束

# 髂胫束滚动拉伸

髂胫束滚动拉伸是标准髂胫束拉伸的变式，一般借助泡沫滚筒进行。它的主要益处是放松髂胫束的张力。

目标肌肉

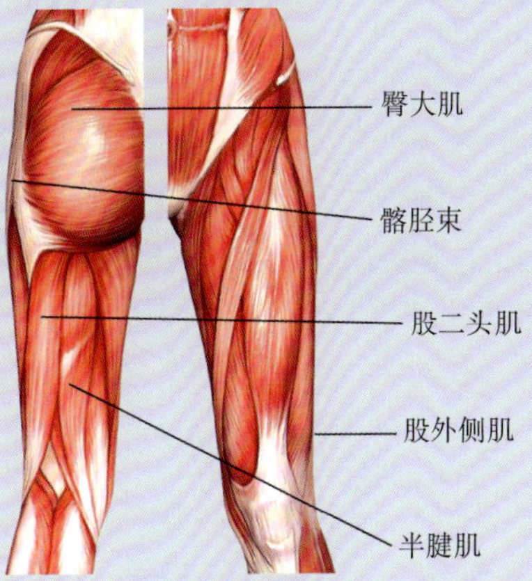


臀肌和腘绳肌

**第一步：** 俯卧位，双手支撑体重，下肢略扭转使左腿膝、髋中间部位置于泡沫滚筒上。右腿交叉置于左大腿之上，双脚应接触地面。下面的腿承重，其他部位放松。

**第二步：** 从髋向膝滚动滚筒，在最放松点保持10~30秒。交换双腿，重复。

动作要领

- 尽量保持头部静止。

避免

- 拉伸时滚压感觉疼痛的部位。

# 臀肌拉伸

臀肌拉伸可以提高臀大肌、臀中肌和臀小肌等臀部主要肌群的伸展性。这些肌肉是确保身体活动的重要肌群，所以保持其延展性和灵活性至关重要。

**第一步：** 仰卧位，屈左腿，左脚平踏于地面。

**第二步：** 交叉右腿，右踝放置于左膝上。

**第三步：** 双手抱于左膝后侧，向躯干方向轻柔牵拉臀肌，以感觉适度拉伸为宜。为使拉伸更强，可向上抬头。保持 10~30 秒。然后交换双腿。

### 目标肌肉

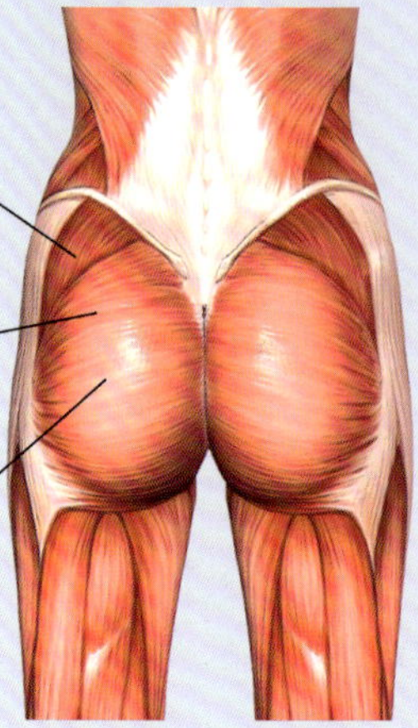


臀肌

### 动作要领

- 缓慢向上拉伸腿部。

### 避免

- 抬头时颈部过伸。

1

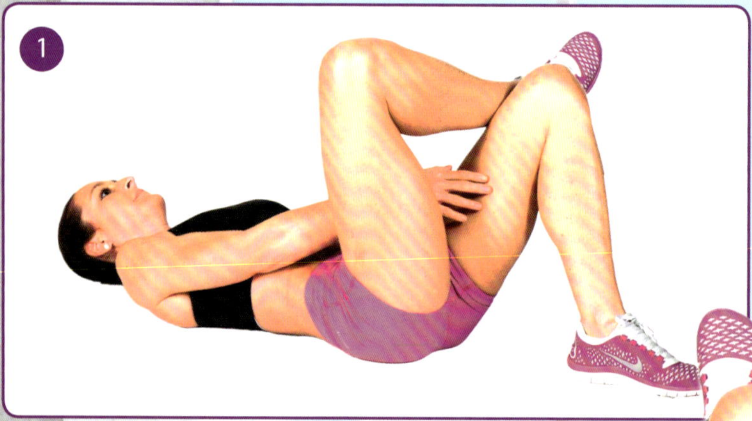

2

# 臀肌滚动拉伸

臀肌滚动拉伸是标准臀肌拉伸的变式。滚动拉伸臀部肌群可以促进肌纤维的放松。

**第一步：**取坐位，泡沫滚筒置于臀肌下，双手放在身后做支撑。

**第二步：**左腿屈曲，左踝置于右大腿旁，身体重心转向一侧。

**第三步：**滚筒在臀肌肌腹上滚动，在张力最大处保持 10~30 秒。之后两腿交换。

目标肌肉

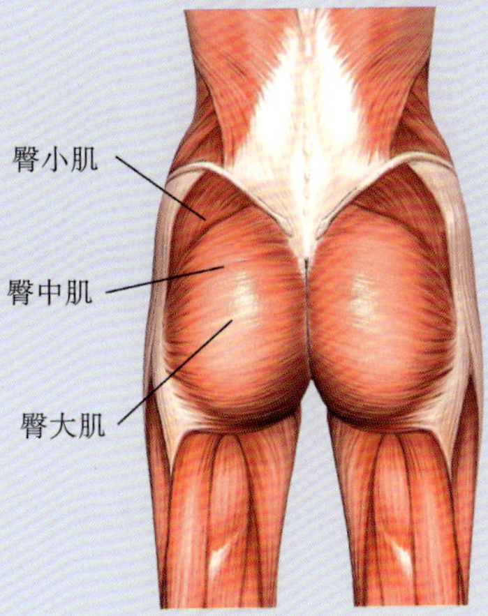


臀肌

**动作要领**

- 双手稳稳地撑在地面上。

**避免**

- 滚动过快。

# 腰部拉伸

拉伸可以提高腰部柔韧性，这对于预防损伤、提高运动水平非常必要。准备活动和整理活动中常常忽略背部，适当的拉伸有利于减轻剧烈锻炼后的肌肉疼痛。

**第一步**：仰卧位，双腿屈曲。

**第二步**：双手抱住小腿，向胸部压紧膝盖，使腰部深度牵拉，保持 10~30 秒。

**第三步**：上背部可以抬起，以牵拉颈肩部竖脊肌。

### 目标肌肉

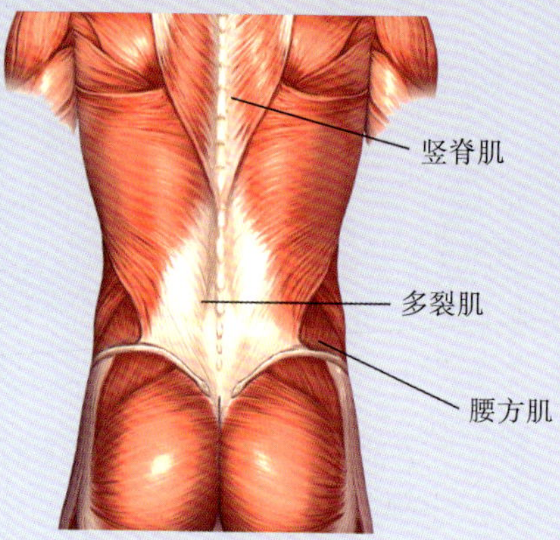


腰背肌

### 动作要领

- 尽量保持背部竖直。

### 避免

- 活动范围过小。
- 抬头时颈部过伸。

# 腰部滚动拉伸

腰部滚动拉伸可以促进竖脊肌肌纤维放松，缓解腰部肌肉紧张，还能通过加强腹肌力量作用于躯体前部。

**第一步：**取坐姿，滚筒置于腰部，双手交叉于胸前。

**第二步：**髋部抬高，后背绷紧，缓慢向一侧转身，保持10~30秒。之后，转向另一侧。注意肌肉绷紧支撑身体重量，不要让脊柱承重。

目标肌肉

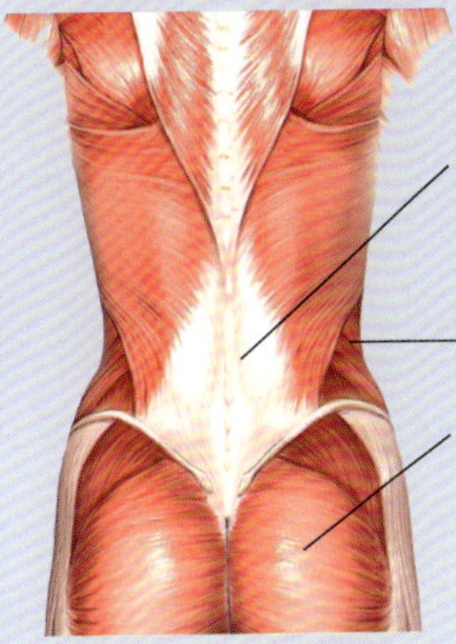


腰背肌

### 动作要领

- 双脚稳稳地踏在地面上。
- 动作缓慢，控制活动范围。

### 避免

- 向后滚动过远。
- 腰部过伸。

# 坐位脊柱拉伸

脊柱拉伸是放松脊柱，缓解竖脊肌紧张的好方法。

**警告：** 有腰部萎缩者避免此练习。

**第一步：** 坐姿，单腿向前伸直。

**第二步：** 另一条腿屈曲交叉跨过直腿，脚平放于地面。单手置于地面支撑体重，另一手放于屈腿上。

**第三步：** 远离屈腿方向转动躯干，至胸部与屈曲腿反向相对。

**第四步：** 保持 30 秒，重复，之后转向另一侧。

## 目标肌肉

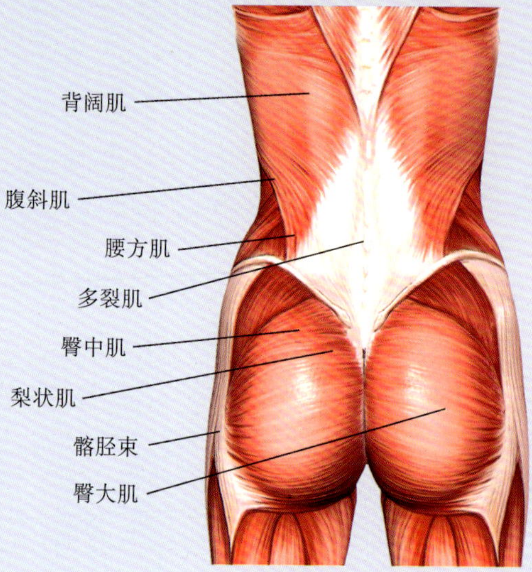


背肌

### 动作要领

- 动作全程保持背部平直。

### 避免

- 拉伸过程中躯干过度扭转。

# 肩部拉伸

肩部拉伸是针对后、外侧三角肌的简单常规拉伸。它可以增加上半身的柔韧性、灵活性和运动功能，同时有助于缓解颈肩部紧张。

**第一步：** 站立位，左手平伸过体前。

**第二步：** 右臂置于肱三头肌下，经身前轻拉左臂，保持 10~30 秒。交换手臂，重复。

目标肌肉

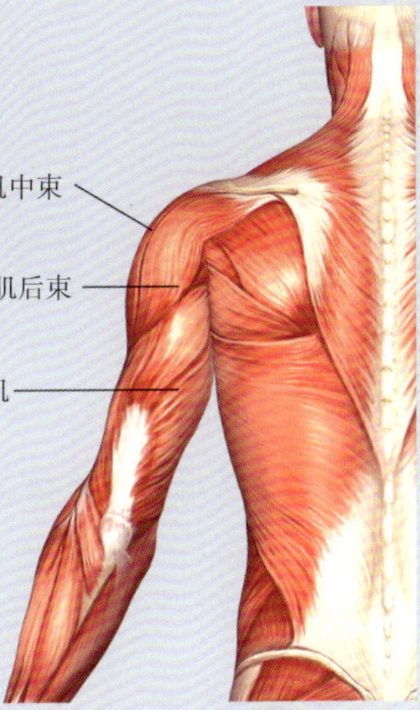


肩部肌肉

## 动作要领

- 面部向前，髋部保持静止。
- 动作初始要轻柔，逐渐增加力量。

## 避免

- 上半身扭转。
- 若感疼痛，立即停止。

# 胸部拉伸

双手置于头后的胸部拉伸是牵拉整个胸部的好方法，可以帮助保持胸肌的柔软性。

**警告：**肩部肌肉萎缩者避免此拉伸。

目标肌肉

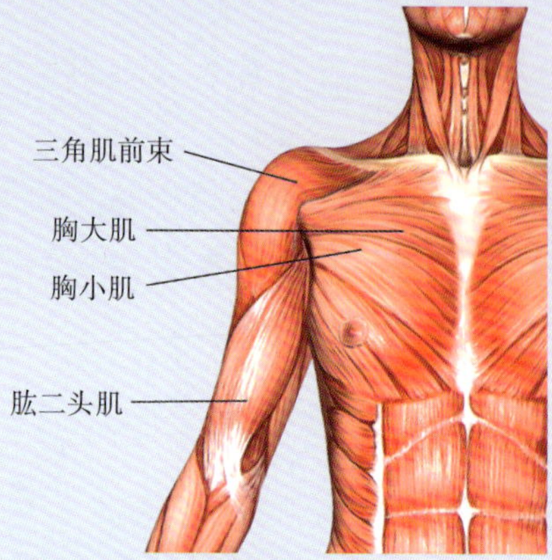


胸部肌肉

**第一步：**站立位，双手十指交叉置于脑后，双肘向外。

**第二步：**向外尽量伸展胸部，保持 30 秒，之后双手移动交叉于身前。

**第三步：**放松，重复 3 次。

**动作要领**

- 保证两前臂平行于地面。

**避免**

- 肘关节向内。

# 上胸部拉伸

上胸部拉伸主要涉及胸肌、三角肌前束、肱二头肌，可以改善胸部柔韧性，这对于保持上半身的力量和灵活性非常重要。

**第一步**：站立位，左臂平举伸出，手扶墙壁或门框。

**第二步**：双脚平踏地面，左臂平行于地面，向右扭转上体，拉伸胸部，保持10~30秒。对侧交换。

### 动作要领

- 保持下肢静止。
- 上臂伸直，与肩相平。

### 避免

- 髋部转动。

#### 目标肌肉

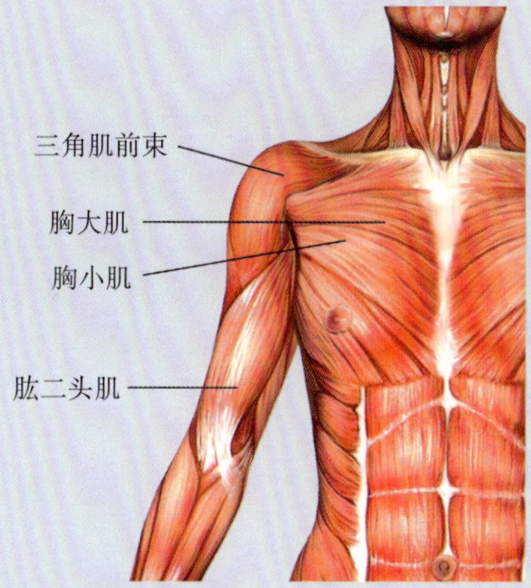


胸部、肩部和臂部肌肉

# 股四头肌滚动拉伸

股四头肌滚动拉伸有利于四头肌纤维放松，是缓解大腿肌紧张的相对简易方法。

**第一步：**俯卧位，双手支撑体重，下体略扭转，泡沫滚筒置于左腿膝髋之间。

**第二步：**双腿、双脚离开地面，滚筒在大腿膝髋之间滚动，在肌紧张最高点保持 10~30 秒。之后两腿交换。

目标肌肉

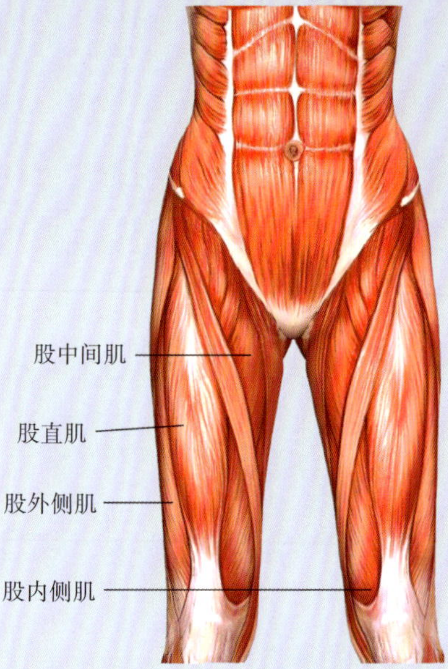


股四头肌

### 动作要领

- 控制活动范围。

### 避免

- 滚动过快。
- 腰部过伸。
- 若有疼痛感，立即停止。

# 腘旁肌滚动拉伸

腘旁肌容易紧张，导致撕裂损伤，因此锻炼前后的拉伸十分必要。腘旁肌滚动拉伸是缓解肌肉紧张的理想方法。

**第一步：** 取坐位，泡沫滚筒置于大腿下，双手放在身体两侧或后方做支撑。屈曲左腿并承重。

**第二步：** 右脚抬离地面，滚筒在腘旁肌肌腹上滚动，在肌紧张最高点保持 10~30 秒。之后交换双腿。

目标肌肉

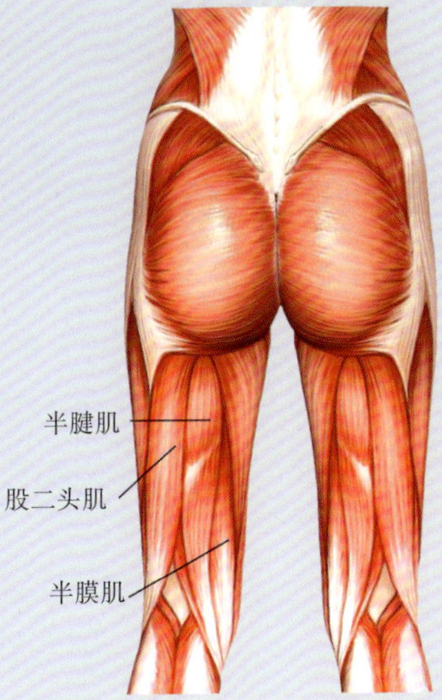


腘旁肌

### 动作要领

- 背部直立。

### 避免

- 滚动过快。

# 腿部和髋部练习

腿部包括躯体中的最大肌群，是站立、坐卧和多种活动的主要肌群。腿部和髋部的力量训练不仅可以提高全身肌肉力量和肌肉的对称性，而且能够改善心血管功能。忽视腿部练习或者认为仅进行心血管运动锻炼者将错失此类肌肉训练的惊人益处。

# 坐位腿伸展

坐位腿伸展练习的目标是加强股四头肌的力量。此练习通过在整个动作过程中持续保持肌肉紧张，并借助一系列动作有效地训练股四头肌。

目标肌肉

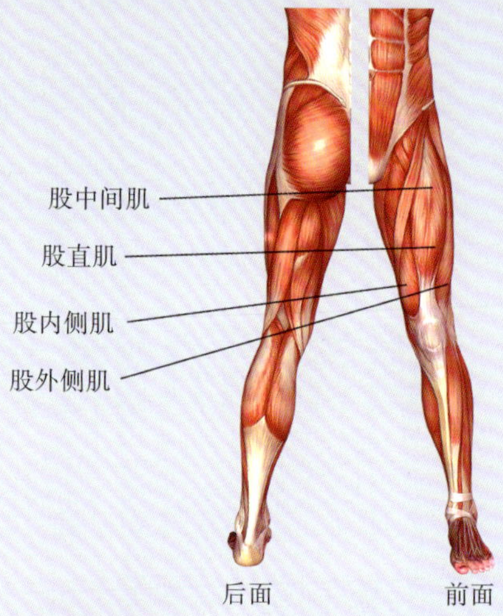


股四头肌

**第一步：**端坐在伸腿训练器上，双脚置于垫杆下，上身保持不动。

**第二步：**呼气时，尽力向上伸腿至完全收缩。

**第三步：**吸气时，双腿慢慢落至原处。重复12~15次。

### 动作要领

- 可控制的活动范围。
- 努力达到股四头肌的完全收缩和伸展。

### 避免

- 动作重复速度过快。
- 活动范围过小。
- 上身过分前倾。

# 卧位屈腿

卧位屈腿是最有效的腿部力量训练之一。通过在较大的运动范围内的爆发性动作，此练习可以很好地锻炼腿部肌群。

**第一步：**俯卧在屈腿训练器上，小腿置于垫杆下。

**第二步：**呼气时，向后尽力屈膝至小腿贴于臀部。

**第三步：**吸气时，小腿慢慢落至原处。重复 10~12 次。

目标肌肉

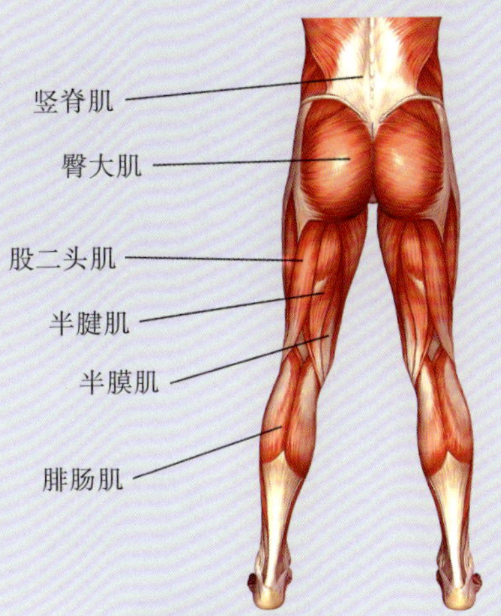


臀肌和腘绳肌

### 动作要领

- 可控制的活动范围。
- 努力达到完全收缩和伸展。

### 避免

- 动作重复速度过快。
- 活动范围过小。
- 腰部过伸。

# 壶铃八字绕

壶铃八字绕是重点针对躯干和髋部肌群的力量训练。力量、协调性和把握恰当的时机是完成此动作所必需的。整套动作速度较慢，用时较长，这利于发展“慢肌力量”和力量耐力，而不是爆发力或速度。

**第一步：** 双腿略宽于肩站立，上体前屈，臀后伸，背平直，单手手持壶铃。

**第二步：** 在两腿间将壶铃传递至另一手。

**第三步：** 手持壶铃从腿后侧再次传递回至原手。

**第四步：**在两手间传递 20 次。

**第五步：**之后转换方向。于同侧腿前环绕传递壶铃。

**第六步：**再次传递 20 次。

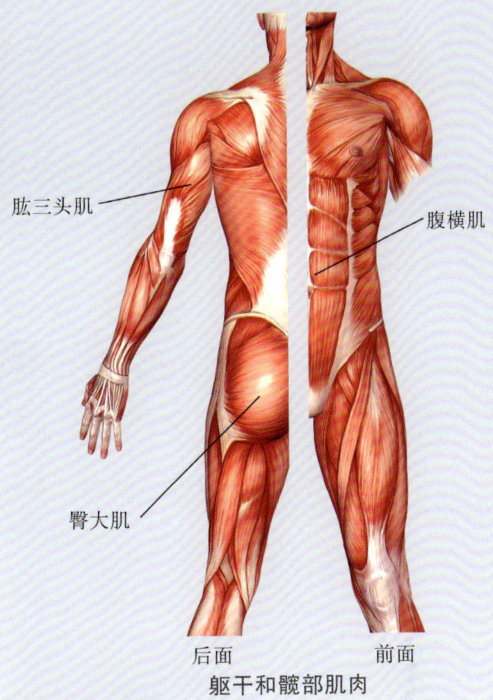


## 动作要领

- 缓慢、有控制地重复动作。
- 整个动作中保持背部平直。
- 动作过程中左右摆动髋部。

## 避免

- 动作速度过快。
- 重复动作弹性过大。
- 动作幅度过小或动作不到位。

# 单脚站立屈腿

单脚站立屈腿练习能够专门针对并有效地训练腘旁肌。

**第一步：**双脚并拢站立，双手置于身体两侧。

**第二步：**呼气时，单腿向后上完全屈曲，尽力接近臀部。

**第三步：**吸气时，小腿慢慢收回以拉伸肌肉。每侧重复 12~15 次。

**目标肌肉**

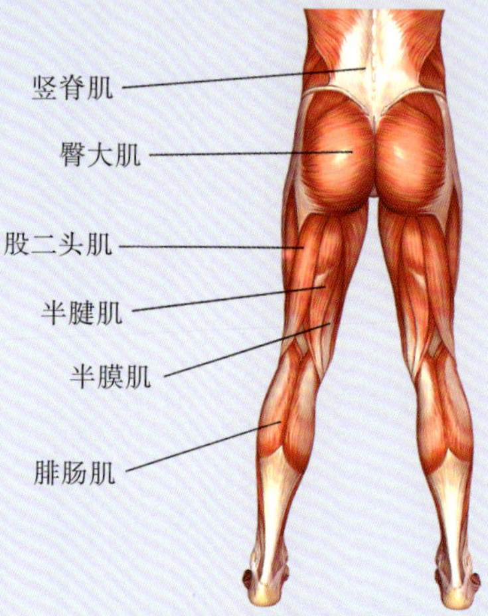

臀肌和腘绳肌

**动作要领**

- 可控制的活动范围。
- 尽力做到最大收缩。
- 努力达到完全伸展。

**避免**

- 动作重复速度过快。
- 活动范围过小。
- 上半身后倾。

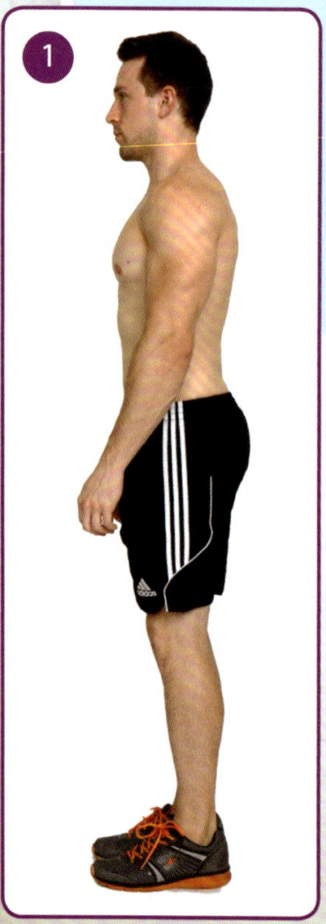

# 壶铃传递

壶铃传递是跨步练习的一种变式，其活动范围较小。此练习可以加强身体多部位的肌肉力量，并发展很多运动项目都需要的协调性。时机的把握是正确完成该动作的关键。

**第一步：** 单手握持壶铃，上背直立，双腿屈曲。

**第二步：** 身体向上直立站起，在动作最高点将壶铃交于另一手。

**第三步：** 双膝屈曲至初始位置。连续重复 10 次，双手交换握持壶铃。

目标肌肉

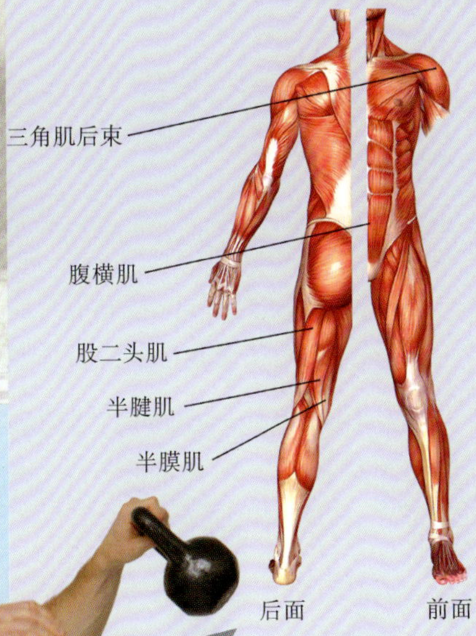

### 动作要领

- 注意动作的节奏、时机。
- 动作全程保持背部平直。
- 找到合适的活动范围。

### 避免

- 动作速度过快。
- 重复动作弹性过大。
- 动作幅度过小或动作不到位。

# 杠铃深蹲

杠铃深蹲是最有效的力量练习方法之一，不仅可以显著地加强下肢和核心肌肉力量，而且可以促进机体代谢。

**第一步：**双脚分开与肩同宽站立于起蹲架前，杠铃位置与眼部水平。双手握持杠铃置于颈后肩上。

**第二步：**将杠铃移出起蹲架，保持背部平直，吸气，屈膝，下移身体重心至大腿平行于地面。

**第三步：**呼气，足跟发力起身站直。重复 10~12 次。

目标肌肉

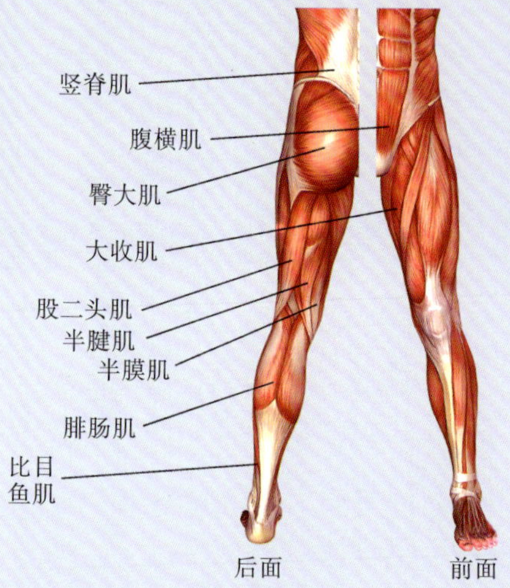


臀肌和腘绳肌

### 动作要领

- 下蹲至大腿平行于地面。
- 身体重心下降应缓慢而有控制。
- 站立起身应从足跟发力。

### 避免

- 膝关节过伸超过大腿。
- 背部拱起。
- 活动范围过小。

# 瑞士球深蹲

瑞士球深蹲是传统深蹲练习的有效替代。此练习不仅有常规深蹲锻炼的效果，而且可以减轻腰部的压力。

**第一步：**双脚分开与肩同宽，手握瑞士球靠墙站立，身体后倾，使中背部贴于墙壁。

**第二步：**吸气屈膝，背部保持平直，身体下降至大腿平行于地面。

**第三步：**呼气，足跟发力起身站直。连续重复 10~12 次。

### 动作要领

- 下蹲至大腿平行于地面。
- 身体下降应缓慢而有控制。
- 站立起身应从足跟发力。

### 避免

- 膝关节过伸超过大腿。
- 重复动作弹性过大。
- 活动范围过小。

目标肌肉

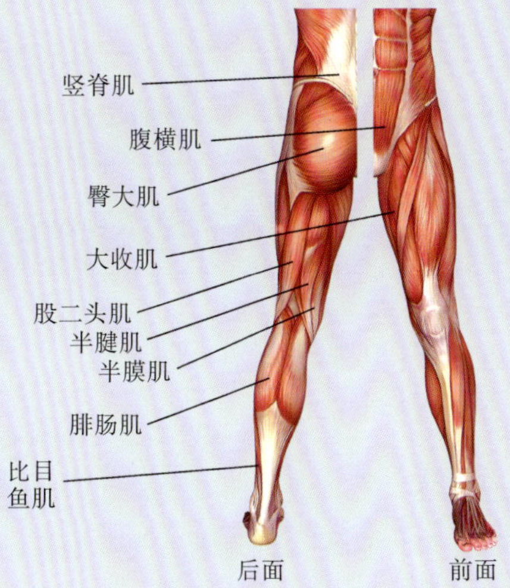


臀肌和腘绳肌

# 背直深蹲

背直深蹲可有效替代传统杠铃深蹲练习。此练习对股四头肌的刺激压力更大，减轻了对腰部的压力，并加强腿部的快速运动能力。

**第一步：** 双脚分开与肩同宽站立，两臂下垂，双手正反交错握住杠铃。

**第二步：** 吸气屈膝，身体下降至大腿平行于地面。

**第三步：** 呼气，足跟发力起身站直。重复 10~12 次。

目标肌肉

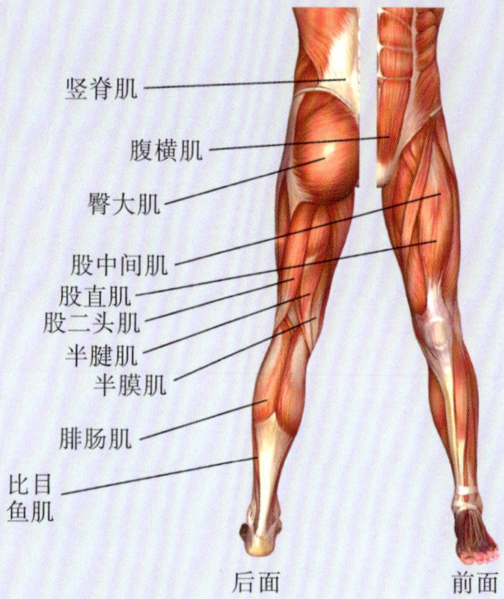


股四头肌和腘绳肌

### 动作要领

- 下蹲至大腿平行于地面。
- 身体下降应缓慢而有控制。
- 站立起身应从足跟发力。

### 避免

- 膝关节过伸超过大腿。
- 重复运动弹性过大。
- 活动范围过小。

# 弹力带负重屈身

弹力带负重屈身练习针对股后肌群、臀肌和腰部肌群。此练习可以提高腘旁肌群，特别是半腱肌、半膜肌和股二头肌的力量。

目标肌肉

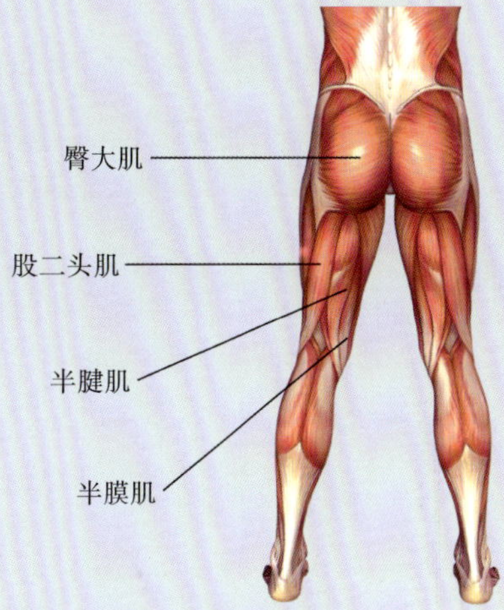


腘绳肌和臀肌

**第一步：** 环形弹力带一端绕过固定点，练习者向后略移动，将弹力带另一端绕过头部置于颈后，双手拉紧弹力带。

**第二步：** 双脚与肩同宽站立，膝微屈，背部平直向前屈腰，至背部几乎与地面平行。从髋部发力起身至初始位置。重复 12~15 次。

**动作要领**

- 保持背部平直，臀部后伸。

**避免**

- 整个练习中活动范围过大。

1

2

# 单侧腿伸展

单侧腿伸展是经典腿部伸展练习的加强版。它重点针对腿部和核心肌群，对于单独强化和稳定腿部肌肉的力量，效果尤其显著。

**第一步：**端坐于伸腿训练器上，一脚置于垫杆下，另一脚置于地面，背部贴紧靠垫。

**第二步：**向上负重伸腿至完全伸展，再慢慢落至原处。

**第三步：**重复 10~12 次，换另一条腿。

### 动作要领

- 从足跟发力完成动作。
- 负重腿应尽量伸直。
- 膝盖与足部呈直线。

### 避免

- 足尖发力。
- 重复动作幅度过小。
- 腰部弯曲。

目标肌肉

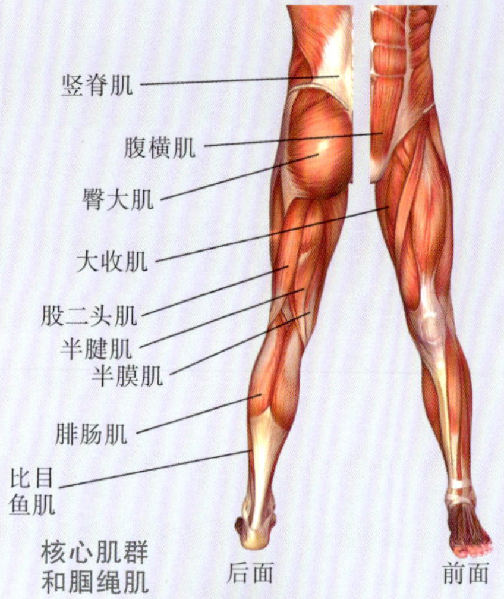

# 力量深蹲

力量深蹲练习是强化臀肌和大腿肌群的简易方法。此练习还可以改善平衡，加强骨盆、躯干和膝关节的稳定性，加强全身运动的力量。

警告：膝关节、腰部、肩关节疼痛者不宜做此练习。

**目标肌肉**

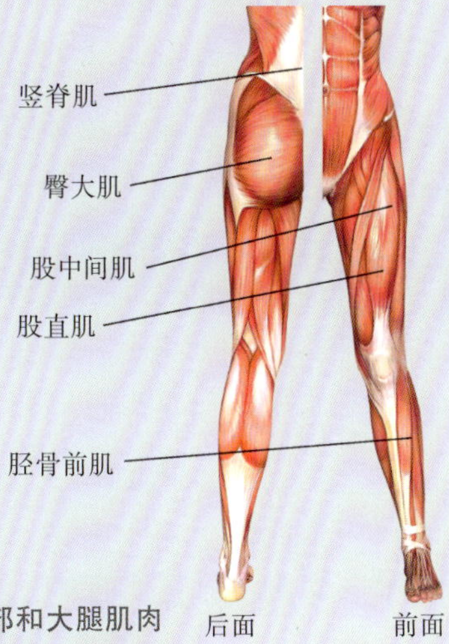

臀部和大腿肌肉

**第一步：** 垂直站立，手握重球于躯干前。

**第二步：** 身体重心移至左脚，屈右膝，右脚向臀部后抬。屈肘，双手握球至右耳外侧。

**第三步：** 保持脊柱中立位，屈膝、屈髋，躯干下移左转，双手持球移至右踝。

**第四步：** 左腿用力，伸直膝关节和躯干，回到初始位置。重复 15 次为一组，单腿各练习两组。

### 动作要领

- 球的运动轨迹应有弧度。
- 动作过程中髋与膝应保持直线。
- 动作过程中颈部、肩部放松。

### 避免

- 屈膝扭转过程中膝盖超过脚尖。
- 足部移动离开初始位置。
- 脊柱屈曲。

# 侧向低弓箭步

侧向低弓箭步练习重点针对臀肌和大腿肌群，对于强化骨盆、躯干和膝部的稳定肌群尤为有效。

**警告：**膝关节剧烈疼痛、腰部疼痛或单腿承重困难者不宜做此练习。

**目标肌肉**

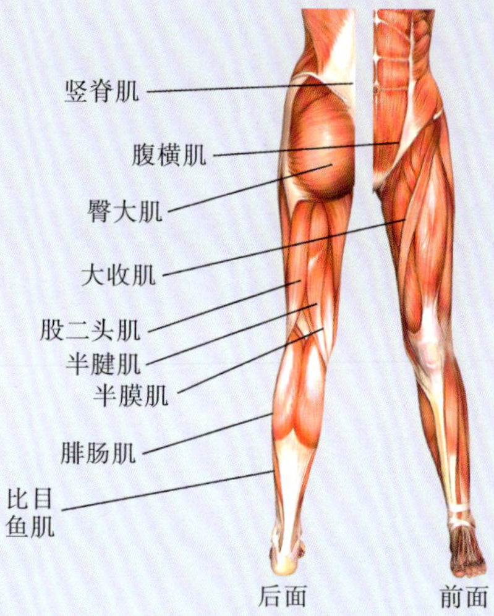


臀部和大腿肌肉

**第一步：**垂直站立，两臂前伸平行于地面。

**第二步：**左侧跨步，躯干中直，右腿屈髋深蹲，左腿伸展，双脚平放在地面。

**第三步：**屈右膝至大腿平行于地面，左腿完全伸展。

**第四步：**两臂仍平行于地面，收紧臀部，收回右腿至初始位置。每侧各重复 10 次。

## 动作要领

- 屈髋时脊柱保持中直。
- 肩颈部放松。
- 屈腿时膝与足尖保持一条直线。

## 避免

- 动作过程中颈部过伸。
- 足部抬起。
- 背部过伸或屈曲。

# 空蹲

空蹲练习有利于强化股四头肌、腘旁肌、臀大肌和核心肌群，对强化大腿肌群的体积和力量尤为有效。作为变式，你可将瑞士球靠在墙上并用腰部抵住它；为增加难度，可以选择缩小两脚间的距离以增加深蹲时的力量。

**第一步：**双脚分开与肩同宽站立，脚尖略向外，两臂前伸。

**第二步：**吸气时屈膝，保持背部直立，身体重心下降至大腿平行于地面。

**第三步：**呼气，从足跟发力起身站直。重复12~15次。

### 动作要领

- 深蹲至大腿平行于地面。

### 避免

- 下蹲时膝盖过分伸展超过脚尖。

**目标肌肉**

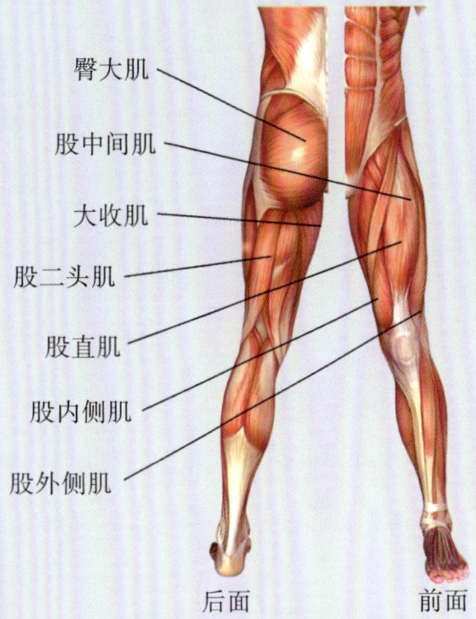


股四头肌、腘绳肌和臀肌

# 杠铃深蹲抓举

杠铃深蹲抓举练习的目标是提升三角肌、臀肌的肌力，同时强化上背部肌群、核心肌群和腘旁肌。此练习特别有益于增强肩部和大腿肌群的体积和力量。可以用较轻的哑铃或自身体重来调整负重，以使练习更易进行。

**第一步：** 双脚分开与肩同宽，站立于杠铃前，下蹲，双手分开略宽抓紧杠铃。确保膝关节贴近杠铃杆。

**第二步：** 起身站立，同时抓握杠铃翻转提至胸部之上。

**第三步：** 身体完全直立的同时握紧杠铃上举至头部以上。

**第四步：** 小心将杠铃经胸前放回地面。重复 6~8 次。

1　2

### 动作要领

- 利用腿部力量辅助完成动作。

### 避免

- 背部过屈。

3

### 目标肌肉

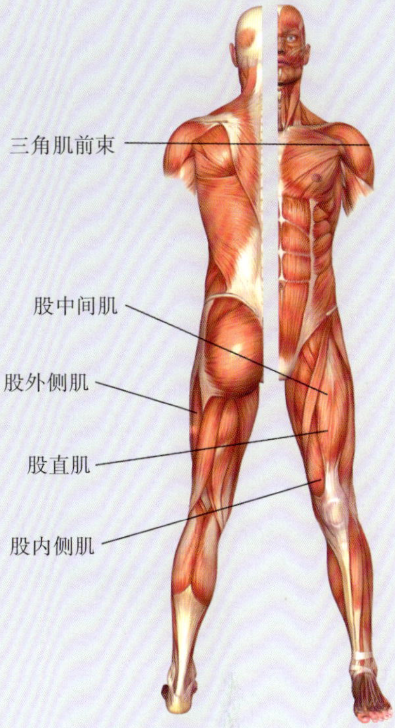


肩部和臀部肌肉

### 变式

简易版：仅用较轻的哑铃或自身体重来完成动作。

# 跳箱

跳箱练习主要针对股四头肌、腘旁肌和臀肌，加强下肢的爆发力。若想降低练习的难度可以选择矮一点的平台代替跳箱，更高的平台则使练习更具挑战性。

**第一步：** 练习者站立于平稳的跳箱或平台前。

**第二步：** 半蹲位以准备起跳。

**第三步：** 足跟发力，摆动双臂，跳上箱体。

**第四步：** 足跟轻轻落于箱体上，之后迈下跳箱。重复 15 次。

### 目标肌肉

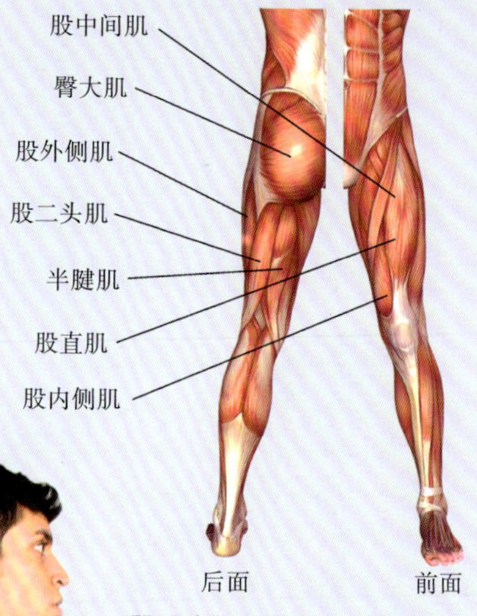


股四头肌、腘绳肌和臀肌

### 动作要领

- 整个动作过程中核心肌群保持紧张。

### 避免

- 落地时用力过猛。

# 立卧撑跳

立卧撑跳主要针对臀肌、股四头肌、腘旁肌和腓肠肌，可加强肌肉的力量和耐力。可以通过降低跳起的高度使动作更易完成，或者加入俯卧撑动作以增加练习难度。

目标肌肉

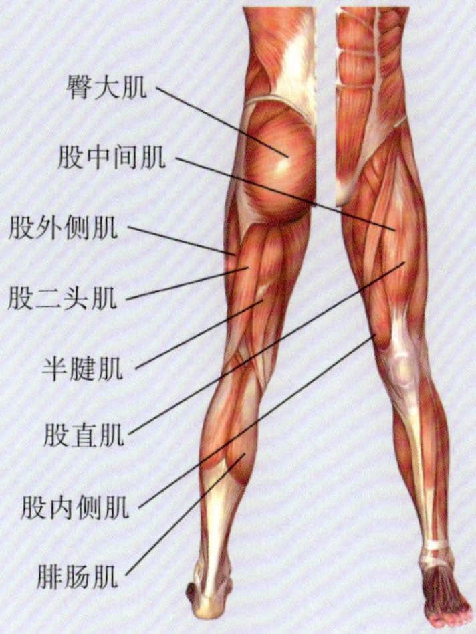


臀肌、股四头肌、腘旁肌和腓肠肌

**第一步：** 练习者取蹲踞位，双手分开与肩同宽，稳稳撑于地面。

**第二步：** 双脚向后跳，腿伸直，呈俯卧撑位。

**第三步：** 双脚快速收回至蹲踞位。

**第四步：** 双臂上举，垂直向上尽力跳起。重复 15 次。

## 动作要领

- 整个动作过程中核心肌群保持紧张。

## 避免

- 落地时用力过猛。

1

2

4

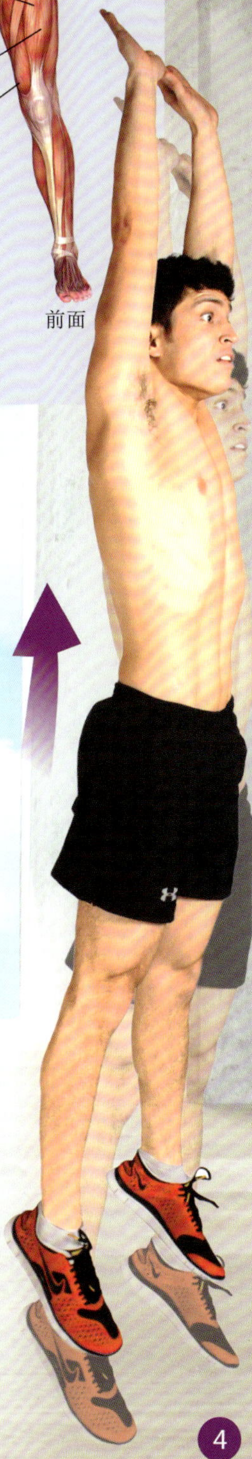

# 锥形柱跳

锥形柱跳有利于强化臀肌、股四头肌、腘旁肌和腓肠肌，对快速的侧向运动非常有益。要想降低练习的难度可以采取连续的左右交替侧向跳，或者通过多增加几个锥形柱来提高难度。

**第一步：** 练习者站立于锥形柱右侧，双脚向左侧跳过锥形柱，左脚着地。

**第二步：** 放下右脚，双脚向右侧跳过锥形柱，这时右脚着地，即远离锥形柱的脚着地。每侧重复 15 次。

### 动作要领

- 整个动作过程中核心肌群保持紧张。

### 避免

- 落地时膝盖过伸超过脚尖。

目标肌肉

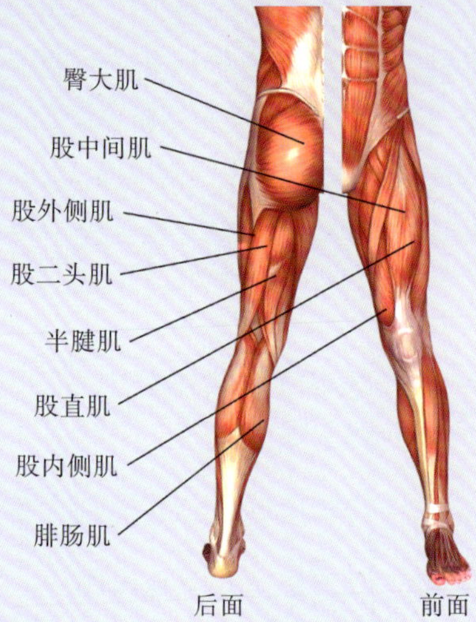


股四头肌、腘旁肌、臀肌和腓肠肌

# 交叉登踏

交叉登踏练习针对的是股四头肌、腘旁肌和臀肌，特别有利于增强腿部肌群的力量和爆发力。练习者可手持木杖或扫把做支撑，还可以手握哑铃以增加难度。

**目标肌肉**

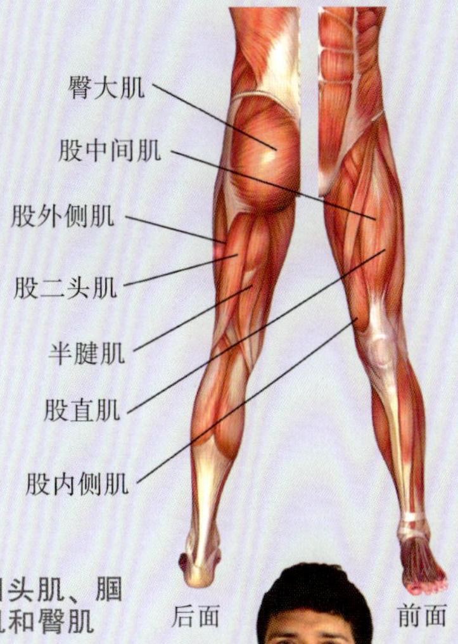


股四头肌、腘旁肌和臀肌

**第一步：**练习者站立于条凳右侧。

**第二步：**右腿交叉向左踏上条凳，右腿发力上引身体。

**第三步：**左脚随之置于条凳上，从左侧踏下。每条腿各重复 15 次，再换另一侧。

### 动作要领

- 动作全程身体保持正直。

### 避免

- 膝盖过伸超过脚尖。

# 深度跳跃

深度跳跃练习有益于臀肌、股四头肌、腘旁肌和小腿后群肌。此练习可以很好地改善肌肉的速度、力量和整体运动能力。作为变式，练习者可以利用摆臂增加运动速度，或者提高跳台高度以增加练习难度。

**目标肌肉**

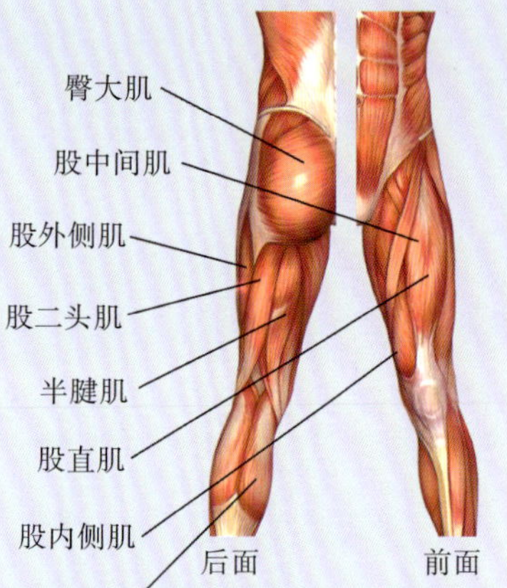


股四头肌、腘旁肌、臀肌和腓肠肌

**第一步：** 相距 3 英尺距离摆放两个跳台，练习者站立于第一个跳台上。

**第二步：** 练习者跳离跳台，以前脚掌落地于第二个跳台前。

**第三步：** 落地后迅速跳上第二个跳台。

**第四步：** 练习者即刻转身，再次开始跳跃，重复 15 次。

### 动作要领

- 整个动作过程中身体保持正直。

### 避免

- 落地时以脚尖或脚跟着地。

# 高脚杯深蹲

高脚杯深蹲练习针对的是股四头肌、腓肠肌、臀肌和腘旁肌群，尤其有利于加强股四头肌肌力，两脚分开宽一些难度降低，窄一些则难度加大。

**第一步：**双脚分开略宽于肩站立，脚尖略向外，双手握持壶铃于胸前。

**第二步：**深蹲至大腿平行于地面，双肘触碰大腿。

**第三步：**后背保持平直，足跟发力回到站立位。重复 8~10 次。

目标肌肉

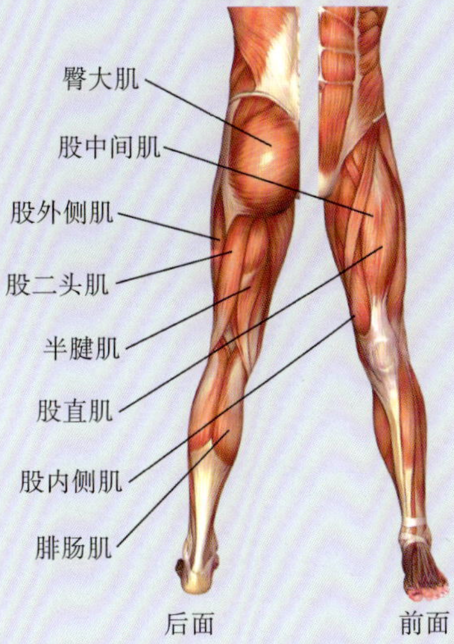


股四头肌、腘旁肌、臀肌和腓肠肌

### 动作要领

- 确保动作完全施展。

### 避免

- 膝盖过伸超过脚尖。

# 弹力带髋伸展

弹力带髋伸展练习重点强化臀肌和腘旁肌群，尤其有利于增强构成臀部的臀大肌、臀中肌和臀小肌。

**第一步：** 环形弹力带一端套于固定柱底部，另一端绕在练习者右踝或右足上。

**第二步：** 面向固定柱站立，手扶固定柱做支撑。

**第三步：** 保持直立姿势，尽力向后伸展右腿并伸直。重复 10~12 次，换腿。

### 目标肌肉

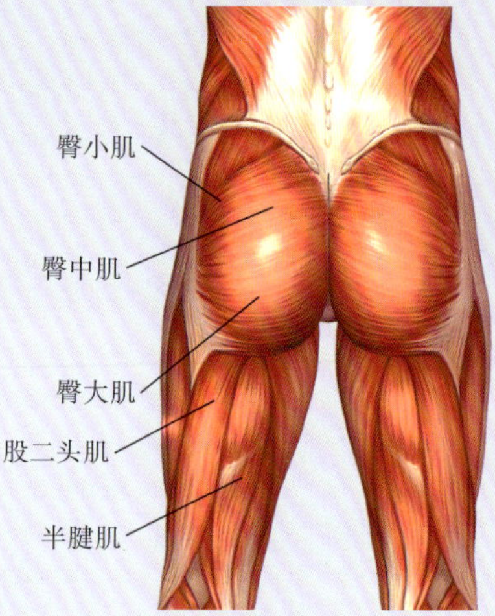


臀肌和腘旁肌

### 动作要领

- 动作全程身体保持正直。

### 避免

- 踢蹬动作幅度过大。

# 侧向弹跳

侧向弹跳练习主要强化臀肌、股四头肌、腘旁肌和腓肠肌，其目的是锻炼快速侧向运动。在一侧完成一系列跳跃动作后，再换另一侧。还可以握持健身球以增加练习难度。

**第一步：** 开始为半蹲位，右脚发力，向左尽力远跳。

**第二步：** 确保以左脚着地。

**第三步：** 然后，左脚发力，向上、向右尽力跳回。每侧重复 15 次。

### 目标肌肉

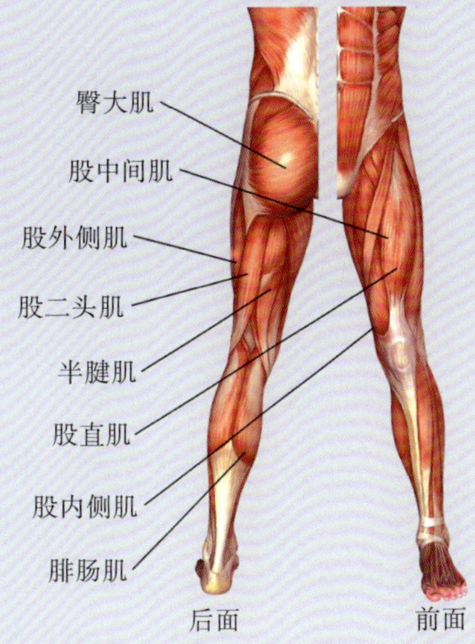


股四头肌、腘旁肌、臀肌和腓肠肌

### 动作要领

- 动作全程保持核心肌群紧张。

### 避免

- 膝盖过伸超过脚尖。

# 原地登山

原地登山是一项评价和加强肌肉耐力的稳定性练习，需要多块肌肉协同合作完成。这项练习是较困难的重复性动作练习，效果显著。

警告：如果你有腕部、肩部或腰部疼痛，不适合此项练习。

目标肌肉

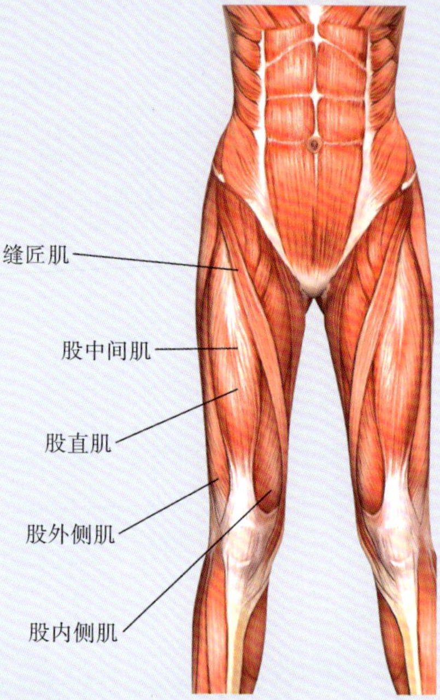

股四头肌

**第一步：**开始为俯卧撑姿势，躯干平直。

**第二步：**一条腿屈曲抬起，使膝盖尽可能接近胸部。之后腿回至原位。

**第三步：**另一腿重复此动作，两腿交替练习 30 秒至 2 分钟。

### 动作要领

- 动作全程保持核心肌群紧张。
- 整个动作中保持正常呼吸。
- 轻放脚尖。

### 避免

- 脚尖过重点地。
- 憋气。
- 背部过弯。

# 单臂壶铃上举

单臂壶铃上举主要强化腘旁肌、臀肌以及腰部肌群、肩部肌群、斜方肌，对于腘旁肌尤其有效。练习者可以通过改变双脚间宽调整活动范围。

目标肌肉

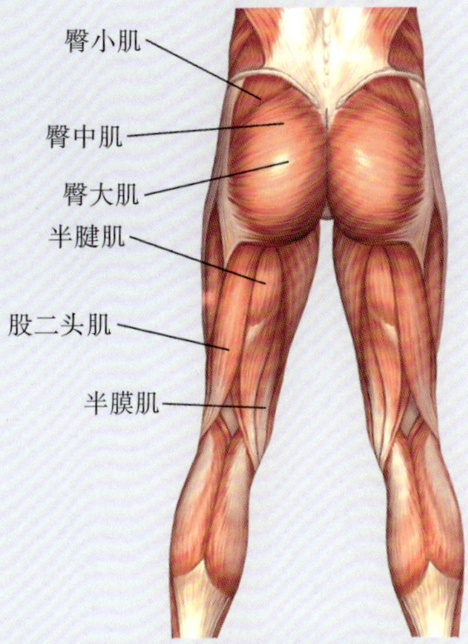


腘旁肌和臀肌

**第一步：**双脚分开与肩同宽站立，膝微屈，单手握持壶铃。

**第二步：**身体向下屈曲，臀部后突，眼睛平视前方。

**第三步：**腿部和髋部伸展发力，转动手腕使壶铃上举过肩。回至初始位置。每侧手臂重复 8~10 次。

动作要领

- 利用拮抗肌协助动作。

避免

- 上举壶铃时用力过猛。

# 反向弓箭步

反向弓箭步练习重点针对的是股四头肌、臀肌和腘旁肌，尤其有利于股四头肌和臀肌肌力。练习者可以用扫帚或木棍支撑，为求更多变化，还可以手握哑铃增加阻力。

**第一步：**练习者双手叉腰站立，两脚分开与肩同宽。

**第二步：**单脚向后跨一大步，同时屈膝。

**第三步：**当前腿将平行于地面时，从前腿脚跟发力站起至初始位置。每条腿重复 15 次。

### 目标肌肉

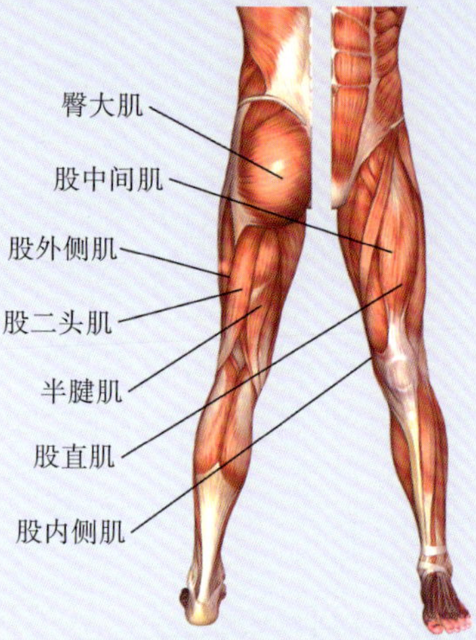


股四头肌、臀肌和腘旁肌

### 动作要领

- 动作全程身体保持正直。

### 避免

- 跨步时膝盖超过脚尖。

### 变式

加强版：
加上一对哑铃。

# 小腿站立上提

菱形腓肠肌通常比较紧张，需要较大的负荷和更多的重复次数来加以训练——我们走路的时候总是会用到它们。虽然腓肠肌的形状和起始点主要受遗传影响，但即使是最不发达的小腿肌群仍可以通过此练习得到很好的改善。此练习在健身馆和家中均可进行。

**第一步：**起始为站立位，杠铃架在肩上（或站立于小腿站立训练机上，杠铃位于肩垫下）。

**第二步：**足跟上提，在最高处，小腿肌收缩，之后回落。重复 12~15 次。

### 目标肌肉

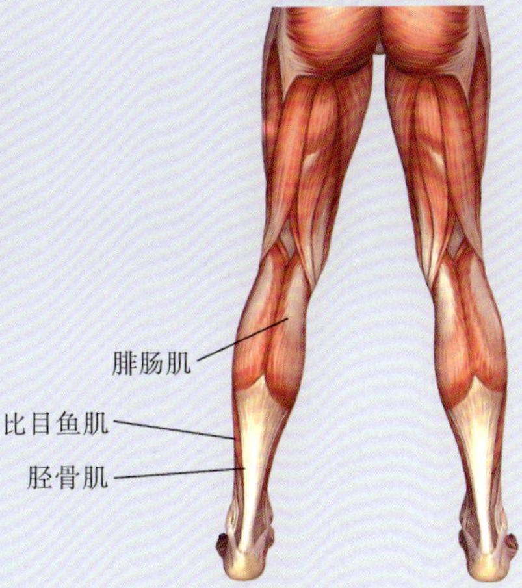


小腿肌群

### 动作要领

- 确保动作完全伸展。
- 足跟抬起，在最高处收缩肌肉。
- 保持足尖直立。

### 避免

- 仅部分重复。
- 动作重复过快或弹性过大。
- 动作过程中改变脚的位置。

# 坐位小腿上提

坐位小腿上提与站立位小腿上提相似，但坐位姿势对腰部的压力更小，动作过程中小腿肌张力更大。这种爆发性力量练习可以很好地改善小腿肌的力量和形状。

**第一步：**练习者坐于小腿提举训练机上，大腿位于拉杆下。

**第二步：**足跟上提，在最高处，小腿肌收缩，之后回落。重复 12~15 次。

目标肌肉

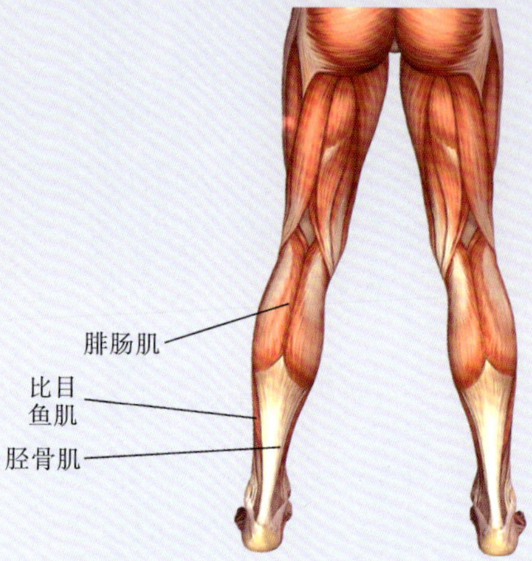


小腿肌群

### 动作要领

- 确保动作完全舒展。
- 在足跟抬起最高处收缩肌肉。
- 保持足尖直立。

### 避免

- 仅部分重复。
- 动作重复过快或弹性过大。
- 动作过程中改变脚的位置。

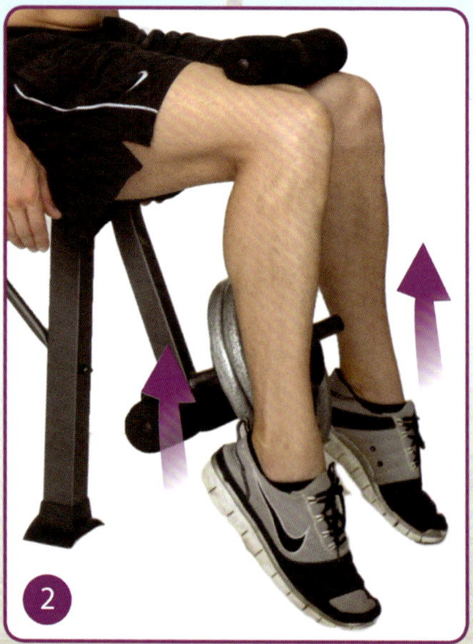

# 星形跳

星形跳有益于股四头肌、腘旁肌、臀肌和腓肠肌，是增强下肢肌群爆发力的相对简单方法。练习者可以通过改变跳起的高度而调整练习难度，跳起越高，难度越大。

**第一步：**起始为屈膝半蹲位，双臂屈曲于胸前，两手交叉。

**第二步：**足跟发力，向上直跳，两臂尽力上举，两腿用力外展。之后足跟轻轻着地，回至初始位置。重复 15 次。

### 动作要领

- 动作全程保持核心肌群紧张。

### 避免

- 落地时用力过猛。

目标肌肉

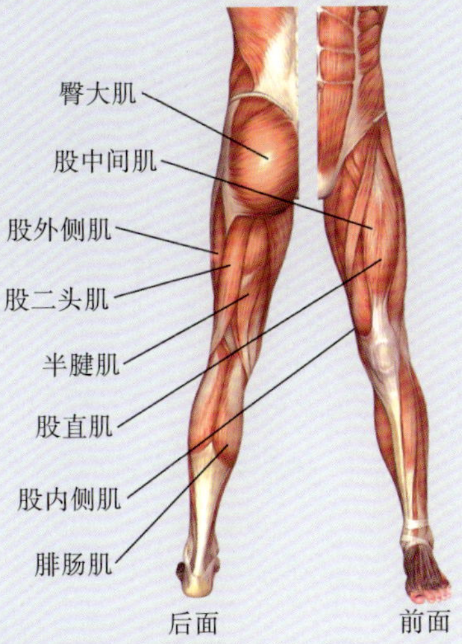


股四头肌、腘旁肌、臀肌和腓肠肌

# 核心肌群练习

核心肌群由颈部至髋部的一系列肌肉组成，包括腹肌、竖脊肌、斜肌、多裂肌和腹横肌。核心训练的重要性体现在几个方面，它可以稳定脊柱，以利于身体其他部位的力量发展。核心肌群力量对于运动能力的发挥和减少运动时的背部损伤非常重要。

# 仰卧起坐

仰卧起坐对于腹肌来说就相当于仰卧推举之对于胸肌，是针对腹肌的高效练习，对腹直肌肌力的提升堪称完美。比起卷腹动作，仰卧起坐练习的运动幅度更大，能调动更多肌肉。

第一步：仰卧，腿屈曲，双手置于头后。

第二步：足跟发力支撑，腹部收缩，躯干抬离地面并尽量接近膝部。

第三步：躯干放回，重复 20 次。

目标肌肉

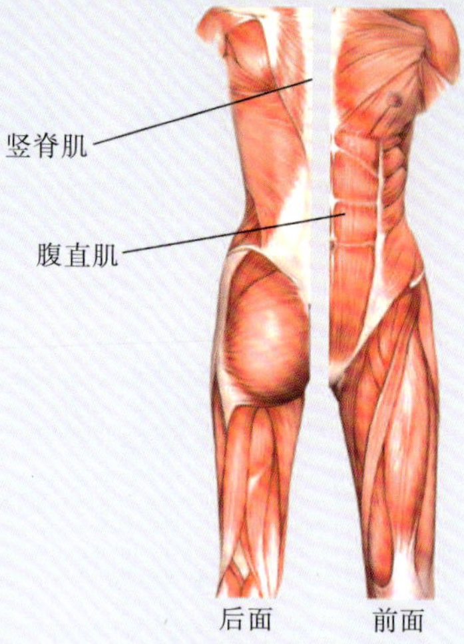


腹肌

### 动作要领

- 从肚脐发力。
- 躯干要有控制地下落。
- 准确的运动幅度。

### 避免

- 颈部过度用力。
- 腰部压力过大。
- 身体向上时大幅晃动。

# 升级版壶铃风车

升级版壶铃风车练习主要针对腹肌、臀肌、腘旁肌和肩部肌群，对提高腹肌力量尤为有效。此练习也可以不握持壶铃。

**第一步：**双脚分开与肩同宽站立，右手置于体侧，左手握持壶铃上举过头。

**第二步：**左髋外推，膝微屈，同时躯干尽可能向右下落。稍停后，回至起始位置。每侧重复 8~10 次。

目标肌肉

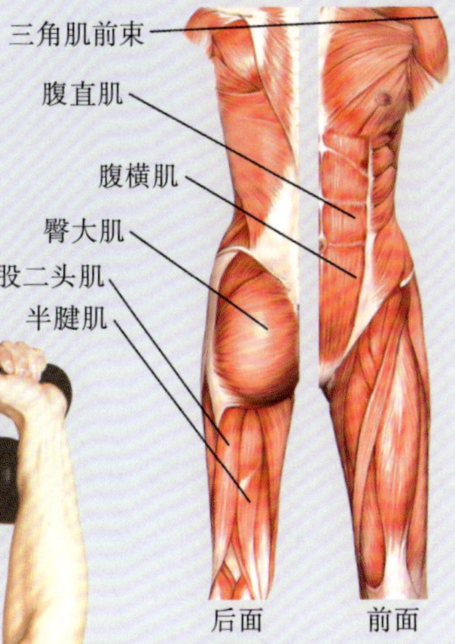


腹肌、臀肌、腘旁肌和肩部肌肉

**动作要领**

- 动作全程保持背部平直。

**避免**

- 动作过度反弹，用力过猛。

# 屈膝仰卧起坐

屈膝仰卧起坐是强化髋屈肌、腹直肌和腹斜肌的简单练习。练习者可以单腿抬离地面以增加练习难度。

**第一步：**练习者平卧于地面，屈膝并使双脚尽量接近臀部，双手置于头后或交叉于胸前。

**第二步：**躯干屈向腿部至背部抬离地面，之后放回。重复 25 次。

目标肌肉

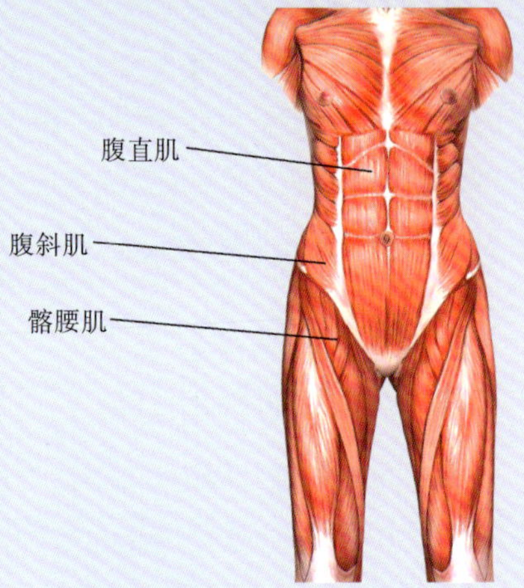

髋屈肌、腹肌和腹斜肌

**动作要领**

- 利用核心肌群发力，而不是颈部用力。

**避免**

- 背部拱起。

# 农夫步行

农夫步行练习有利于发展前臂握力及提高核心肌群的稳定性，重点强化腹直肌、竖脊肌、前臂肌和肱二头肌。练习者可以通过改变负重调节练习难度。

**第一步：** 双脚分开与肩同宽站立，双手握持壶玲或哑铃于体侧。

**第二步：** 快步行走固定距离或时间(例如，室内场馆长度或20秒)，减小负重，休息，重复3次。

### 动作要领

- 整个动作过程中核心肌群保持紧张。

### 避免

- 负荷过大。

目标肌肉

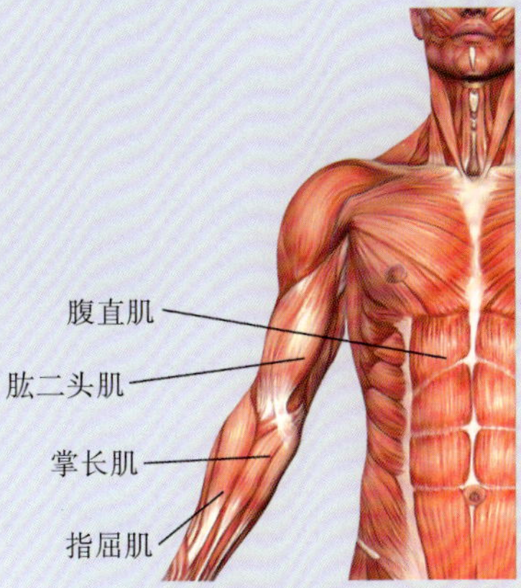


前臂肌肉和腹肌

# 跪地缆绳牵拉卷腹

跪地缆绳牵拉卷腹是在基本卷腹练习的基础上利用缆绳牵拉施以阻力，因此是非常有效的核心力量训练方式，适合所有水平的练习者。

**第一步：** 练习者背对承重架跪立于地面，牵拉绳套过头颈，调整至中等阻力。

**第二步：** 腰部发力，向前、向下屈曲卷腹，直至双肘置于大腿上。

**第三步：** 收缩腹部，回至初始位置。重复 30 次。

目标肌肉

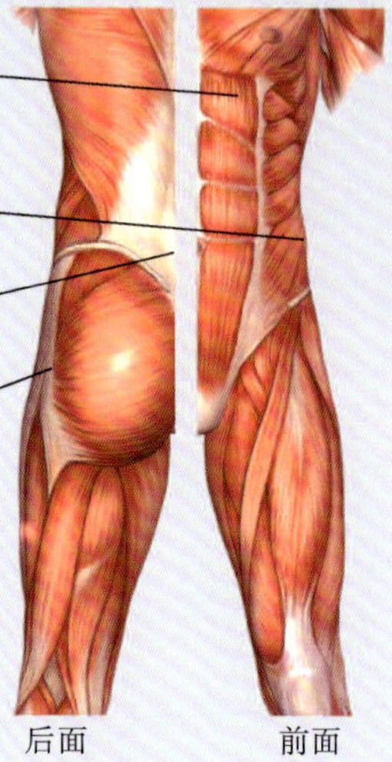


腹肌和腹斜肌

### 动作要领

- 保证完整的活动范围。
- 动作最低点时肌肉同时收缩发力。
- 动作开始时躯干直立。

### 避免

- 动作速度过快。
- 活动范围过小。
- 过多利用颈部力量代替腹肌。

# 健身球俯卧撑

健身球俯卧撑重点强化核心肌肉、臀肌、腘旁肌和小腿后群肌。此练习特别有利于强化核心力量和稳定性。练习者可以去掉健身球完成动作，或者采取单腿抬离健身球以增加练习难度。

**第一步：**双手分开与肩同宽，双脚尖置于健身球上，呈标准俯卧撑姿势。

**第二步：**髋部上举向天花板，健身球尽量向手部滚动。

**第三步：**反向用力，将身体压低回至初始位置。重复 15 次。

### 目标肌肉

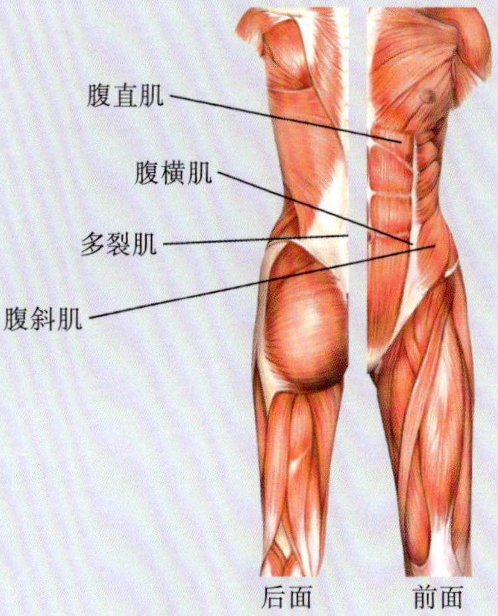


腹肌和腹斜肌

### 动作要领

- 整个动作过程中双腿绷直。

### 避免

- 躯干回落时过低，与地面不平行。

### 变式

简易版：去掉健身球。

# 健身球撞击

健身球撞击练习是强化前部核心肌群的有效方法。它强调动作的爆发力和准确性。此练习声响较大，最好在坚硬地面上进行。

目标肌肉

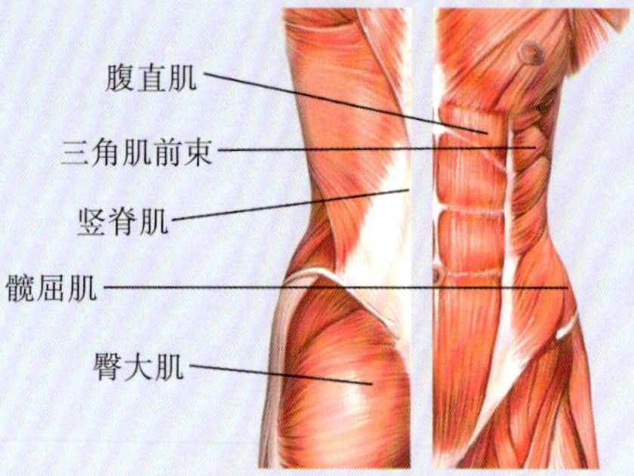


腹肌和肩部肌肉

**第一步：** 站立位，双肘屈曲，双手握持健身球于脑后。

**第二步：** 握球从头上划过，垂直向下掷球，同时向下深蹲。

**第三步：** 练习者在深蹲位时再次抓球并站起。重复 20 次。

### 动作要领

- 动作全程保持躯干直立。
- 动作全程保持核心肌群紧张。
- 双臂屈曲。
- 眼睛始终注视健身球。

### 避免

- 过度弓背。

1

2

# 健身球伐木

健身球伐木也是强化前部核心肌群的常规练习。它主要强化腹斜肌、腹直肌和竖脊肌，特别有利于强化腹斜肌力量。

**第一步：**双脚分开与肩同宽直立，双手握持健身球于右侧。

**第二步：**躯干向左侧扭转，同时握球划至左腿外侧，之后回至初始位置。重复 20 次，换对侧练习。

目标肌肉

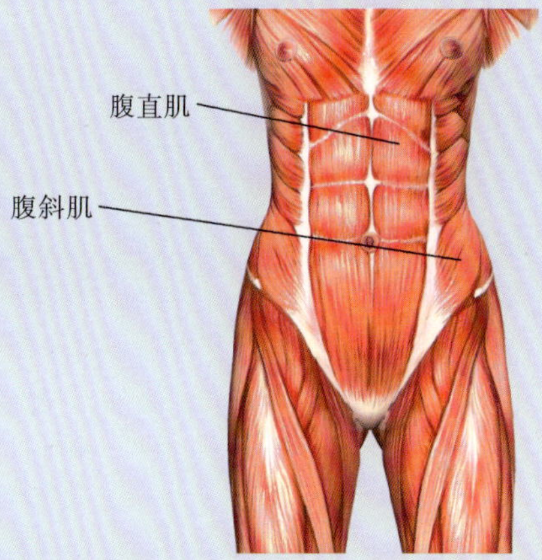

腹斜肌

## 动作要领

- 正向动作（健身球下划）时主动用力，反向动作时速度慢且有控制，动作全程保持核心肌群紧张。

## 避免

- 躯干左右扭转过猛。

# 平板支撑

平板支撑是强化腹直肌、竖脊肌和腹斜肌的常规练习，对加强整个核心肌群力量效果显著。练习时可以单脚抬离以提高挑战性。

**第一步：**起始为四肢着地。

**第二步：**两前臂平行置于地面，双脚撑地，双膝抬起，两腿伸直与两臂成同一直线。

**第三步：**维持这一姿势30秒（逐渐延长至2分钟）。

目标肌肉

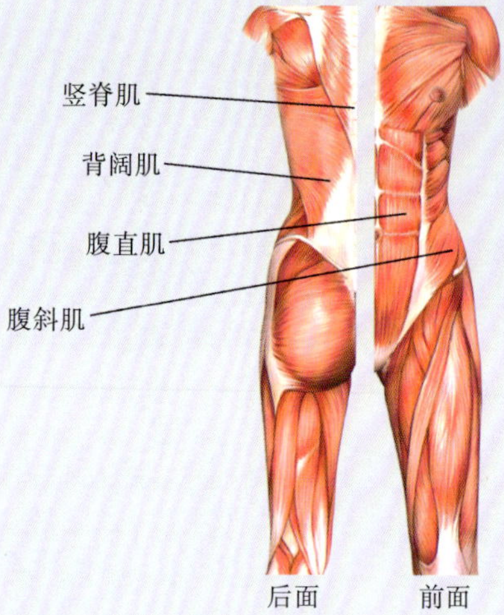


腹肌和腹斜肌

### 动作要领

- 腹肌紧张且身体呈一条直线。

### 避免

- 躯干抬起过高，所动员肌肉压力过小。

# 健身球上拉传递

健身球上拉传递是发展腹肌爆发力的有效方法。除腹直肌外，此练习也有益于竖脊肌。

**第一步**：屈膝仰卧，双脚平放于地面。双手握持健身球上举过头。

**第二步**：迅速坐起，收腹的同时将健身球传给同伴。

**第三步**：再次接到健身球后，轻轻回至初始位置。重复 25 次。

目标肌肉

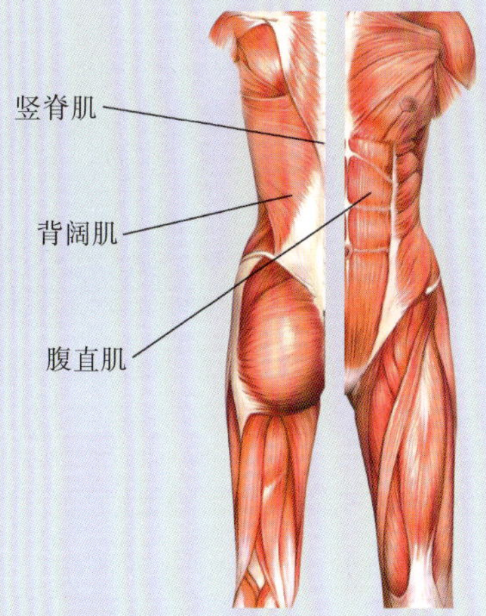


腹肌

### 动作要领

- 动作全程保持核心肌肉紧张。

### 避免

- 颈部用力过多。

# 坐位俄罗斯扭转

坐位俄罗斯扭转利用瑞士球强化腹直肌、斜肌和竖脊肌，有助于提高主要核心肌肉的力量。

**第一步：** 屈膝坐于地面，双膝略分开，双臂伸直，手握瑞士球。身体略向后倾以动员核心肌群，背部保持平直。

**第二步：** 向左尽力扭转躯干。

**第三步：** 躯干平稳回至中央位，然后尽力向右扭转，再回至中央位，至此为完整的一次。重复20次。

### 目标肌肉

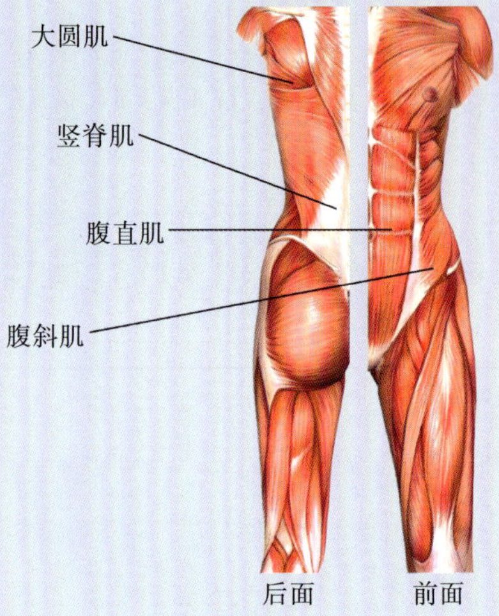


核心肌群

### 动作要领

- 扭转身体幅度固定。

### 避免

- 弓背。
- 扭转过快。

# 侧向平板支撑

侧向平板支撑针对下部腹肌、三角肌和竖脊肌，是增强腹部、腰部和肩部肌群力量的简单并有效练习。

**第一步：**右侧卧位，双腿叠放并伸直。右臂屈肘90度支撑，右手指向前，左手臂置于体侧。

**第二步：**右前臂用力撑地，使髋部抬离地面至与躯干成一直线。维持此姿势30秒（逐渐延长至60秒），之后换至另一侧，重复动作。

### 目标肌肉

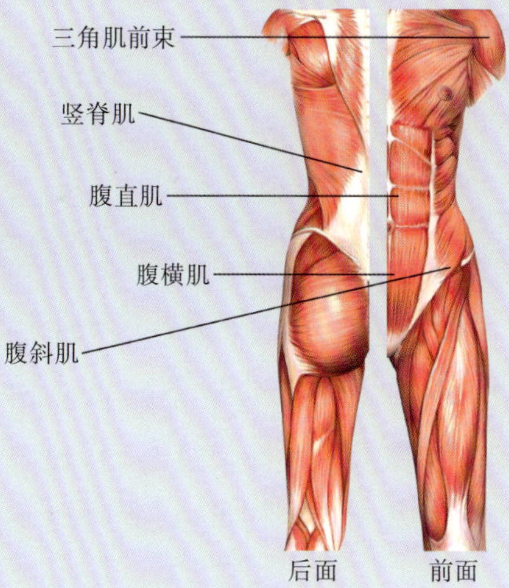


核心肌群

### 动作要领

- 前臂与髋部平均用力。

### 避免

- 肩部过于用力。

### 变式

简易版：利用你支撑的肘部，帮助发力撑起。

加强版：身体抬起时双腿稍分开（如图）。

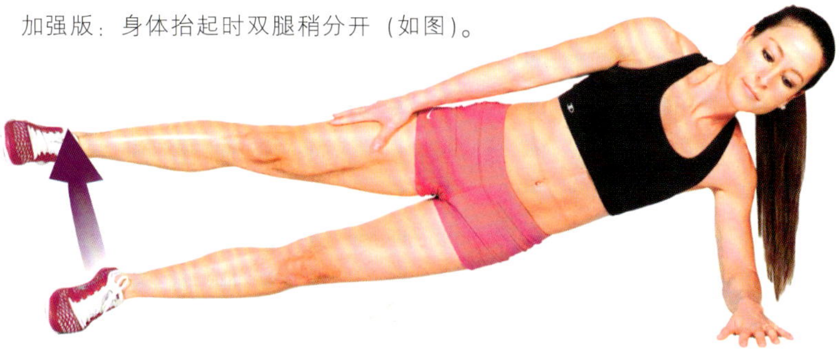

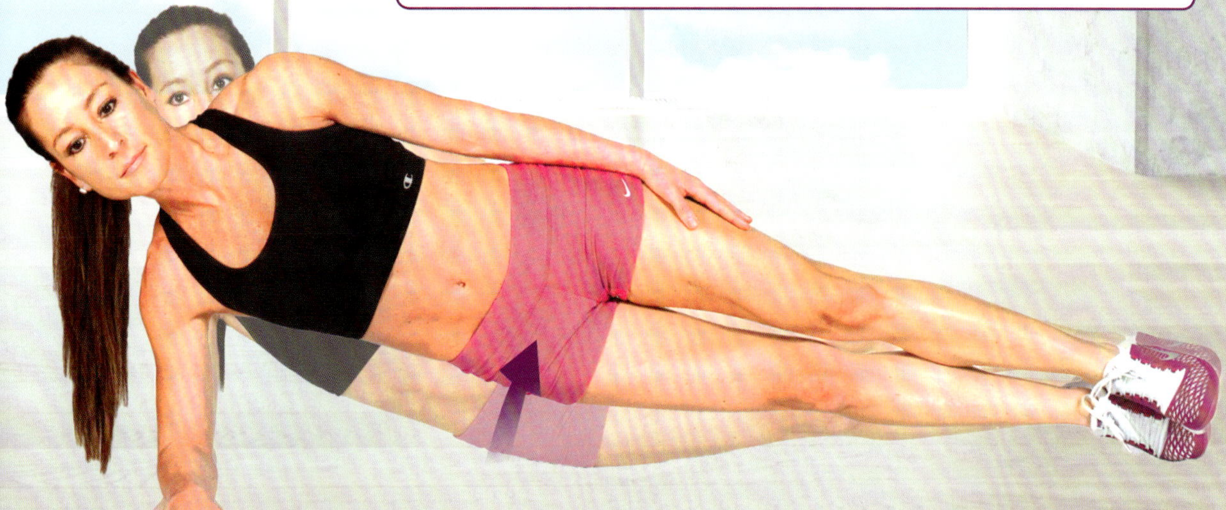

# 瑞士球滑动

瑞士球滑动针对髋部和核心肌群，增强二者的稳定性。要降低练习的难度，仅做单侧滑动即可。

**第一步：**起始为俯卧撑位，双腿置于瑞士球上。

**第二步：**维持核心位置，躯干快速向左转动，使双腿交叠。

**第三步：**躯干转回初始位，再向右转动，重复以上动作。完成 15 次。

目标肌肉

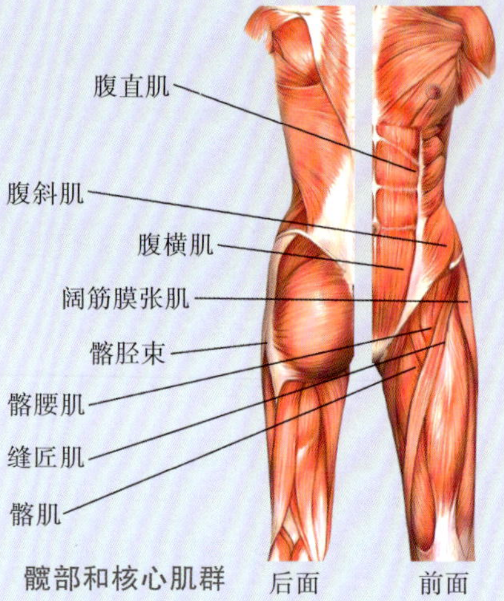


**动作要领**

- 动作全程核心肌群保持紧张。

**避免**

- 动作速度过快。

# 瑞士球臀扭转

瑞士球臀扭转有利于强化并塑形腹肌，改善核心肌群的稳定性。此练习最好在瑜伽垫或者练习垫上进行。

**警告：**腰部有问题者不宜做此练习。

**第一步：**仰卧，两臂在身体两侧向外伸展，双腿置于瑞士球上，球体贴紧臀部。

**第二步：**收紧腹肌，双腿向一侧扭转，尽量接近地面，双肩不能抬起。

**第三步：**双腿回至初始位置，之后转至另一侧。每侧重复 20 次。

目标肌肉

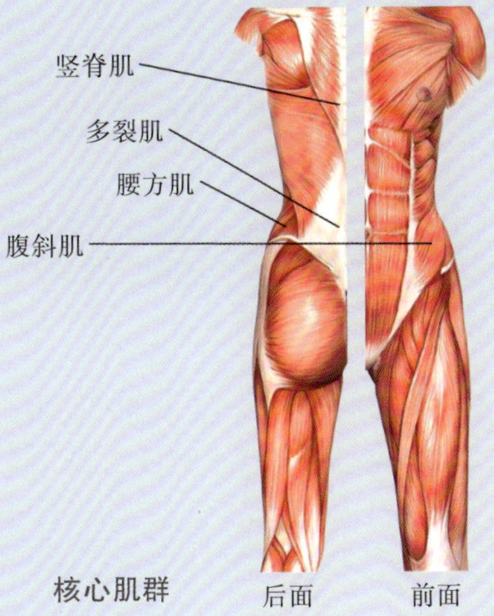


**动作要领**

- 整个动作尽可能平稳。

**避免**

- 髋部晃动过大。

# 瑞士球手腿递换

瑞士球手腿递换练习有利于强化髋屈肌和腹直肌，也有益于竖脊肌。可以用健身球代替瑞士球以增加练习的挑战性。

**第一步：**仰卧，瑞士球置于头部上方，两臂向头后伸出并扶住球。

**第二步：**双手握球，上体和双腿同时向上抬起并互相靠近。

**第三步：**将瑞士球置于两腿之间，然后放平躯干和四肢，双臂置于头两侧。

**第四步：**重复此动作，将瑞士球从双腿间传递至两手。重复交换 15 次。

**动作要领**

- 确保动作完全舒展。

**避免**

- 双腿向上踢。

## 目标肌肉

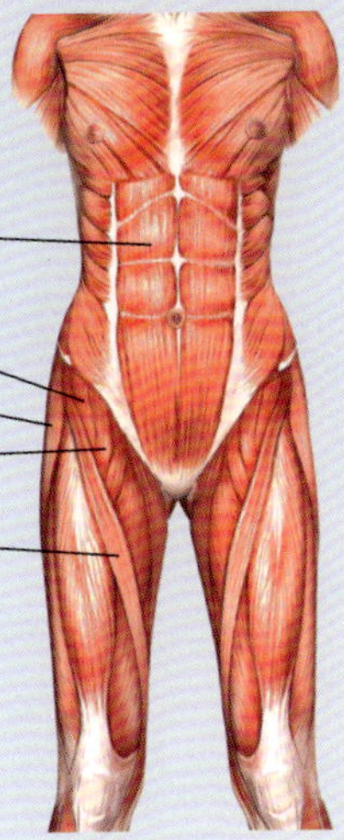


髋屈肌和腹肌

# 瑞士球小腿折叠滚动

瑞士球小腿折叠滚动练习有利于强化躯干和髋部肌肉力量。正确地完成此动作需要适度的肌肉力量、肌肉间的协调配合、动作的准确完成和恰当的时机把握。

**第一步：** 两臂分开与肩同宽，呈俯卧撑姿势，小腿置于瑞士球上。

**第二步：** 屈膝，滚动瑞士球向胸部拉近，整个过程中双臂伸直。

**第三步：** 伸展双腿，向远端滚动瑞士球，重复20次。

## 目标肌肉

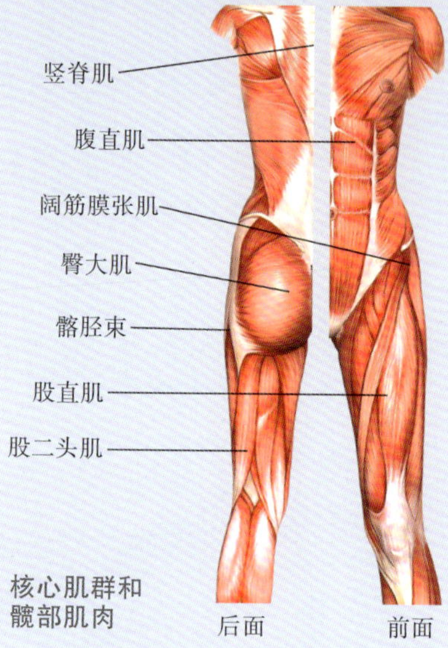


核心肌群和髋部肌肉

### 动作要领

- 动作全程核心肌群保持紧张。
- 维持正常呼吸。
- 双肩保持在双手之上。

### 避免

- 动作随意。
- 背部拱起。
- 运动速度过快。

# 瑞士球前向滚动

瑞士球前向滚动是提高许多动作稳定性的重要练习。完成此动作需要激活多块关键部位的核心肌肉。最近的研究表明，与仰卧起坐、卷腹练习相比，瑞士球前向滚动可以刺激更多的腹直肌(俗称“六块肌”)。

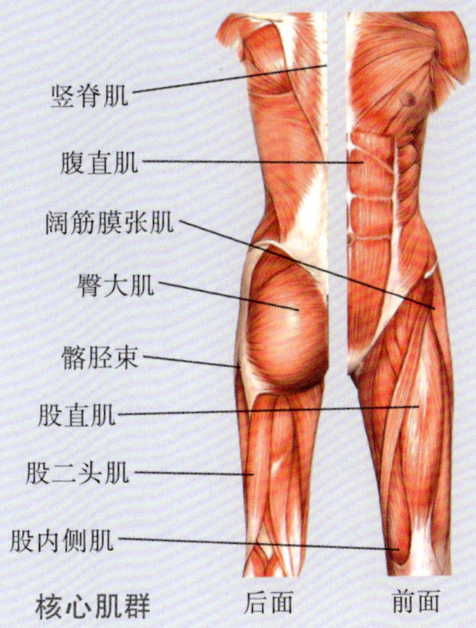


**第一步：** 双膝跪地，两脚分开与肩同宽，上背直立，髋部抬起，双臂在体侧伸出，手腕置于瑞士球上做支撑。

**第二步：** 缓慢向前滚动瑞士球，直至两肘到达球中心。

**第三步：** 保持此姿势 5 秒，之后慢慢退回，重复 10 次。

**动作要领**

- 动作全程核心肌群保持紧张。

**避免**

- 动作随意。
- 臀部下沉。

# T 字撑

T 字撑是针对核心部位的练习，特别有利于强化腹肌、髋肌和斜肌。

**第一步：** 起始为俯卧撑终末姿势，手臂完全伸直，手掌向前，脚尖撑地。

**第二步：** 保持躯干成一条直线，左臂向上扭转，左脚可置于右脚上。左臂向身体外侧伸展，手指指向天花板。维持此姿势 30 秒（逐渐延长到 60 秒）。回至初始位置，换右侧重复。

## 目标肌肉

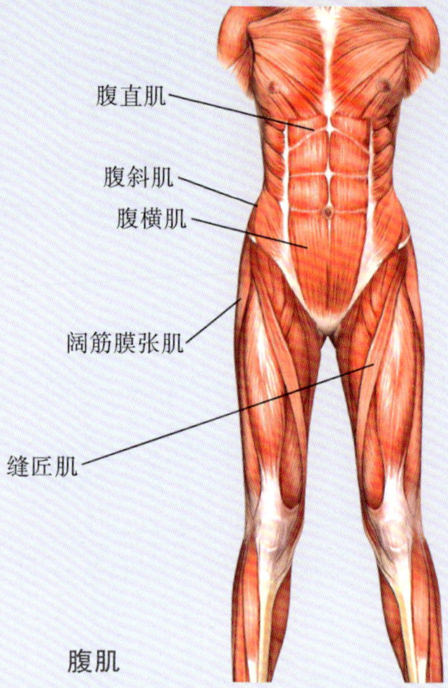


腹肌

## 动作要领

- 动作全程核心肌群保持紧张。

## 避免

- 背部拱起或下塌。

# 土耳其起坐

土耳其起坐是针对肩肌、核心肌群、大腿肌、上背肌、臀肌和肱三头肌等一系列肌群的简易综合性练习，有利于提高髋部稳定性和全身的平衡能力。在举起的那只手加上一只哑铃或壶铃，可增加运动的挑战性。

**第一步：** 仰卧位，左臂上举，右臂置于体侧。

**第二步：** 屈左膝，左脚平放于地面。

**第三步：** 核心部位略右转，肩抬离地面，右前臂支撑体重。右手平放在地面上，起身呈坐位。

**第四步：** 抬起髋部，屈曲右腿支撑身体。

**第五步：** 右手抬起推离地面，左脚推动呈站立姿势，左臂在整个动作过程中一直上举过头顶。

**第六步：** 回至初始位置，每侧手臂重复 10 次。

**目标肌肉**

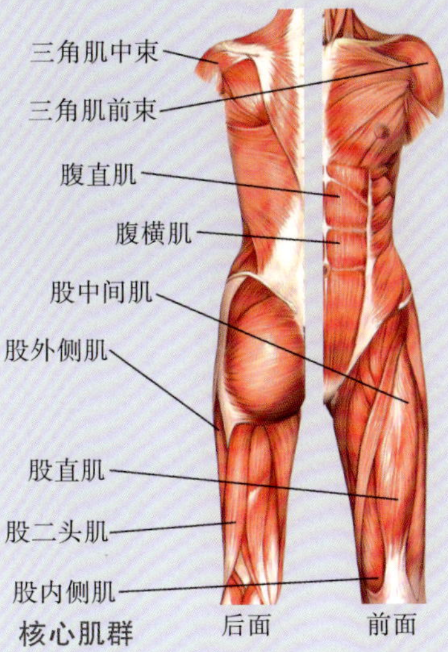

**动作要领**

- 动作全程核心肌群保持紧张。

**避免**

- 动作过快。

# 胸部练习

扇形的胸部肌群主要负责体前牵拉手臂和推举物体的动作。它们能够抬起重物，是引人关注的重要肌群之一。发达的胸肌通常代表着力量与健美。

# 瑞士球斜靠哑铃推举

瑞士球斜靠哑铃推举有利于构建并强化经常被忽略的上胸部肌群。此练习还会动员核心肌肉以维持平衡与稳定，因此这个练习的强化力量效果非常显著。

**第一步：** 起始姿势为仰卧位，背、头、颈平放于瑞士球上，臀部向下坐在地面上成斜靠姿势。两上臂分开与肩同宽，与躯干呈 90 度，肘部置于球体上，双手握持哑铃。

**第二步：** 双臂向内上用力推举哑铃至双肩上外侧，在最高处哑铃互相收拢。

**第三步：** 腰部用力，双臂下落至原处，重复 8~10 次。

### 动作要领

- 两臂要有控制地下落。
- 足踝下压地面以维持身体稳定。
- 在动作的开始和结束时，哑铃均应位于肩部的上外侧。

### 避免

- 动作过快。
- 哑铃上下晃动。
- 弓背。

### 目标肌肉

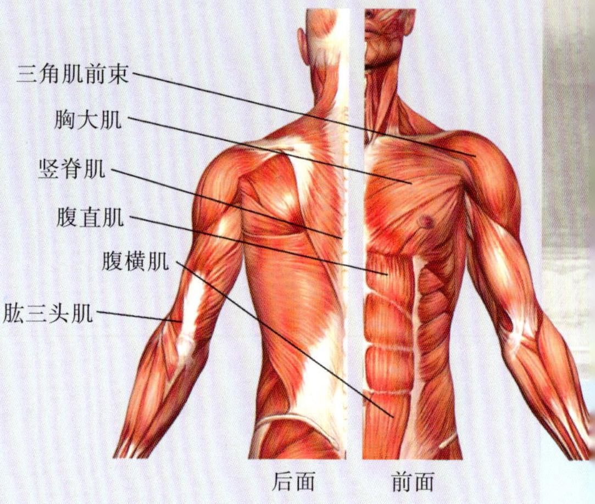


核心肌群和胸肌

# 瑞士球平压哑铃推举

瑞士球平压哑铃推举是斜靠推举的简单变式，主要针对中、下部胸肌，动作中同样需要动员核心肌肉。

**第一步：**起始为坐于瑞士球上，手握哑铃放在大腿上。

**第二步：**身体前移，直到后背、肩颈平放于瑞士球上，始终保持臀部抬起，后背平直。

**第三步：**双臂向内上用力推举哑铃至双肩中外侧，在最高处哑铃互相收拢。

**第四步：**腰部用力，双臂下落至原处，重复8~10次。

目标肌肉

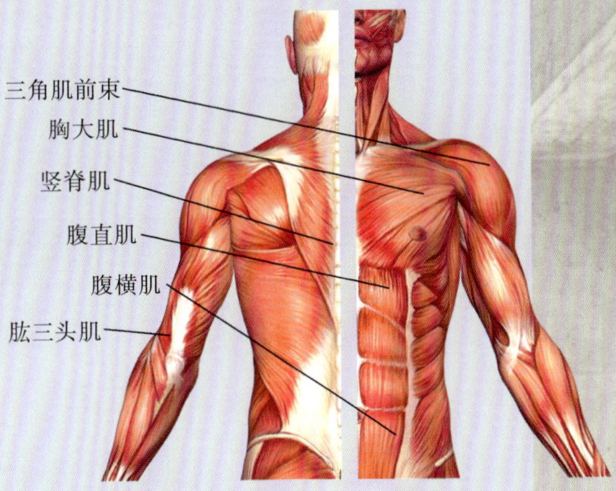


**动作要领**

- 两臂要有控制地下落。
- 足踝下压地面以保持身体稳定。
- 在动作的开始和结束哑铃均应位于肩部的中外侧。

**避免**

- 动作过快。
- 哑铃上下晃动。
- 弓背。

2

3

# 瑞士球哑铃摆动

瑞士球哑铃摆动锻炼的是整个上体，而不仅仅是胸肌。肩部肌群不发达者请小心练习，这项练习对肩部肌肉的压力会比较大。

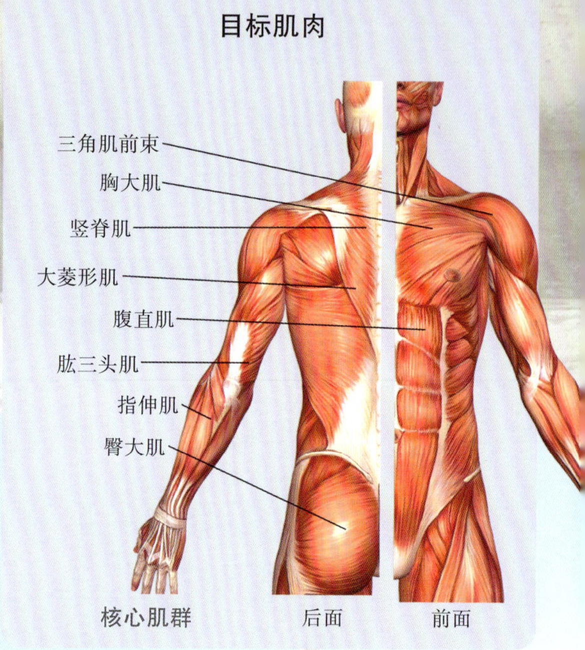


**第一步：**起始姿势为平躺于瑞士球上，两臂伸直上举，手握哑铃。

**第二步：**两臂外展，胸肌充分拉长。

**第三步：**两臂向内移动靠近，回至初始位置。重复 10 次。

### 动作要领

- 缓慢、有控制地重复动作。
- 保持核心肌群紧张和身体拉长。

### 避免

- 腰部下沉过多。
- 动作过快。
- 拉伸过大。

# 俯卧撑

俯卧撑可以说是最有效的上体力量训练方法。此练习不仅强化上身的每一个主要肌群，同时能够刺激部分下体肌肉。

**第一步：**起始为面朝下，脚尖撑地，两臂伸直，手握旋转把手撑地，双手分开与肩同宽。

**第二步：**屈臂，身体下移至上臂与地面平行。然后双臂推起伸直。

**第三步：**动作过程中保持核心肌群用力，身体成一条直线。重复 12~15 次。

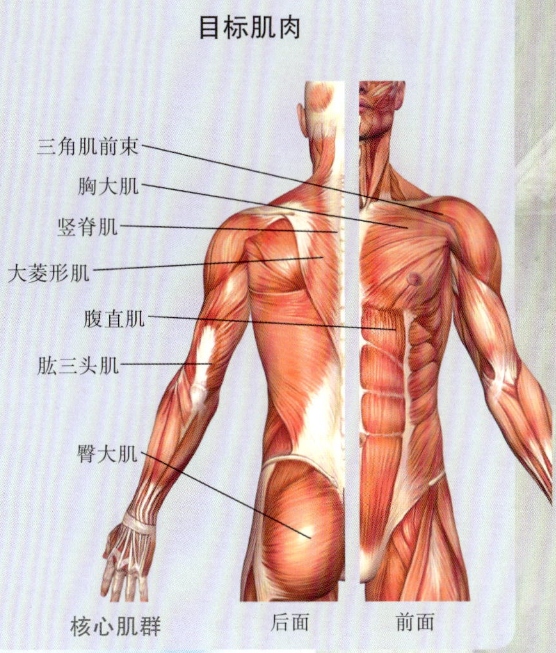


### 动作要领

- 缓慢、有控制地重复动作。
- 保持躯干稳定和上体平直。
- 在身体下降至最低点时，上臂应与地面平行。

### 避免

- 动作过快。
- 动作幅度过小或弹性过大。
- 腰部下沉过多。

# 下倾俯卧撑

下倾俯卧撑是比直接俯卧撑更具挑战性的自重型力量练习方法。此练习不仅强化上身的每一个主要肌群，而且可以刺激部分下体肌群，对稳定肩部肌群的效果优于常规俯卧撑。你可以用长凳代替瑞士球。

**第一步：**起始为面朝下，双脚置于瑞士球上，两臂伸直，分开与肩同宽撑地。

**第二步：**屈臂，身体保持下移至上臂与地面平行。然后双臂伸直。

**第三步：**动作过程中核心肌群用力，身体呈一条直线。重复 12~15 次。

目标肌肉

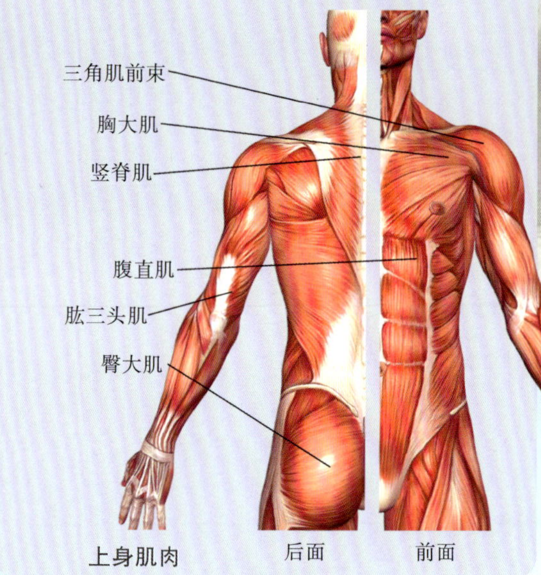


### 动作要领

- 缓慢、有控制地重复动作。
- 保持躯干稳定和上体平直。

### 避免

- 动作过快。
- 动作幅度过小或弹性过大。
- 腰部下沉过多。

# 单臂健身球俯卧撑

单臂健身球俯卧撑对肌肉力量、关节活动度、身体平衡和稳定性的训练效果均优于传统俯卧撑。练习者在运动过程中既强化上身的主要肌群，又可刺激部分下体肌群。

**第一步：** 起始为面朝下，脚尖撑地，双手分开与肩同宽撑地，将一个健身球置于单侧手下。

**第二步：** 身体重心下移至上臂与地面平行。之后双臂伸直。

**第三步：** 在身体最高点，将健身球传至另一侧手下，重复动作。

**第四步：** 动作过程中保持核心肌群用力，身体呈一条直线。重复传球 12~15 次。

**目标肌肉**

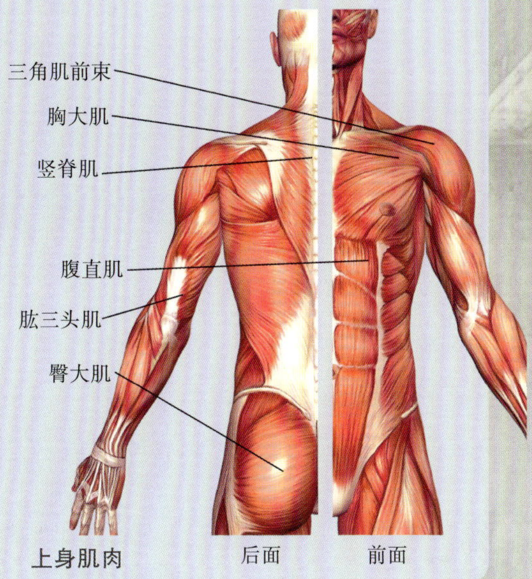


**动作要领**

- 缓慢、有控制地重复动作。
- 保持躯干稳定和上身平直。

**避免**

- 动作过快。
- 动作幅度过小或弹性过大。
- 腰部下沉过多。

# 杠铃卧推

杠铃卧推是提高胸肌力量的最常用的器械健身方法。常规的卧推训练可以很好地强化上体肌群。

目标肌肉

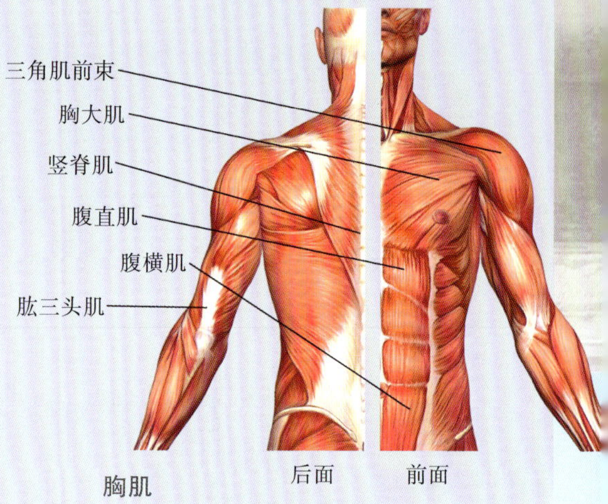


**第一步：** 起始姿势为平躺在卧推凳上，双脚分开与肩同宽稳稳地踩于地面，两手在头部上方抓握杠铃杆，握距比肩稍宽。

**第二步：** 从卧推架上取下杠铃，下放至胸部。呼气，上举杠铃至手臂伸直。

**第三步：** 下放杠铃，重复 8~10 次。

### 动作要领

- 杠铃要有控制地下落。
- 足跟蹬地以维持稳定。
- 探索重复动作的流畅性。

### 避免

- 动作过快。
- 杠铃在胸部上下晃动过大。
- 弓背。

# 肩侧举

肩侧举是强化肩部肌群体积、增加肩宽的常规训练。此练习是为数不多的、专门针对肩膀中肌群的练习之一，对于加强内侧三角肌的力量，效果尤其突出。

**第一步：**起始为直立位，双手握持哑铃，高度在腰部以下。

**第二步：**两臂缓慢将哑铃侧平举至肩上，与头相平。

**第三步：**两臂回至初始位置，重复 10~12 次。

**目标肌肉**

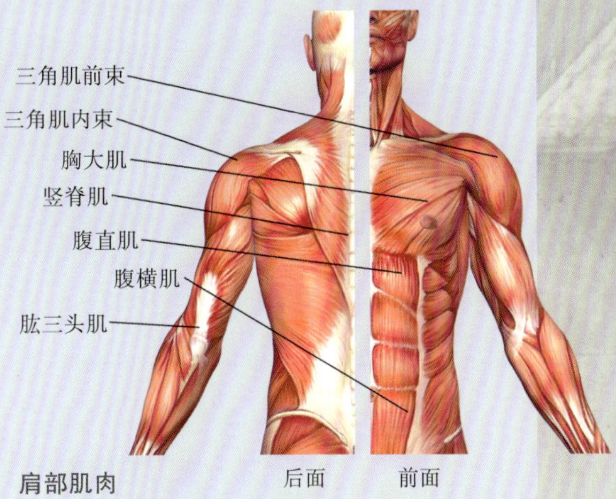

**动作要领**

- 动作要有控制。
- 保持肘部伸直。

**避免**

- 哑铃举过头顶。

# 手撑重量训练器俯卧撑

和常规俯卧撑相比，手撑重量训练器俯卧撑的效果更进一步，因为它要求在动作顶点压腹，以及上身抬起。因此这个练习是力量和功能训练相结合，它不单单针对单块肌肉，而是强调多块肌肉的协调工作。

**第一步：**起始为面部朝下，两腿伸直脚尖点地，两臂分开与肩同宽并伸直，手撑于重量训练器或壶铃上。

**第二步：**屈臂，身体下移直至上臂与地面平行。然后用力推起，双臂伸直。

**第三步：**动作全程核心肌群用力，身体呈一条直线。重复 12~15 次。

1

目标肌肉

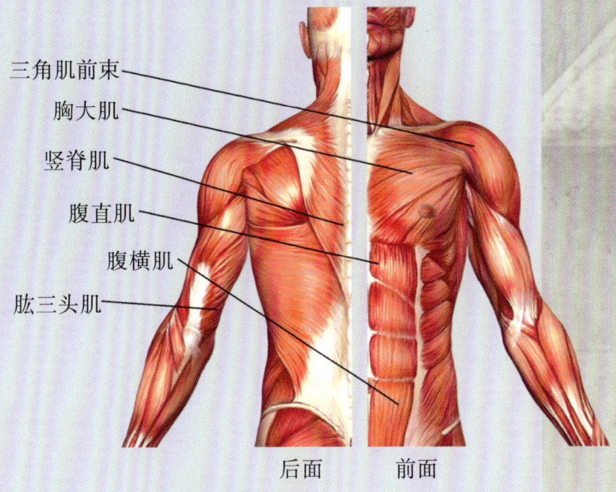


胸肌和三头肌

### 动作要领

- 下压，尽量使手与胸部中位线齐平。
- 腹肌尽可能用力。
- 前臂保持稳定。

### 避免

- 动作速度过快。
- 训练器尖端朝前。

# 壶铃加强式俯卧撑

壶铃加强式俯卧撑练习针对的是胸部肌群、肩部肌群和肱三头肌，其主要目标是强化胸部肌肉力量。

**第一步：**起始为经典俯卧撑姿势，单手撑地，另一手握住地面上的壶铃，屈臂，身体下移直至上臂与地面平行。

**第二步：**快速撑直手臂，同时换另一只手握住壶铃。

**第三步：**再次屈臂，身体下降，身体上抬时交换握壶铃的手。每侧完成 8~12 次俯卧撑。

目标肌肉

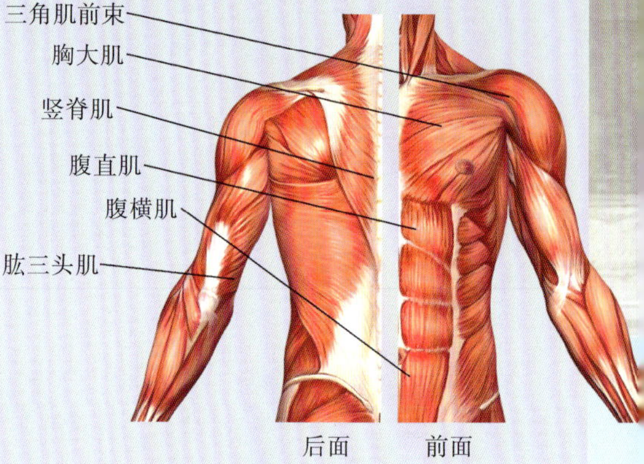


**动作要领**

- 动作全程保持背部平直。

**避免**

- 动作弹性过大。

## 变式

简易版：单手握持壶铃，不进行交换。

加强版：双手均握持壶铃，进行俯卧撑。

2

# 增强式俯卧撑

增强式俯卧撑作为俯卧撑的进一步变式，主要针对胸肌、三角肌、肱三头肌、上背部肌肉和核心肌群，可以有效地训练上体的爆发力。去掉击掌的动作可降低练习难度，在腕部负重可增加练习的难度。

**第一步：**起始为经典俯卧撑姿势。

**第二步：**屈臂，身体重心下移直至上臂与地面平行，准备返回原位。

**第三步：**身体上抬时，双手迅速击掌并落回原处，支撑身体回至原位。重复 15 次。

目标肌肉

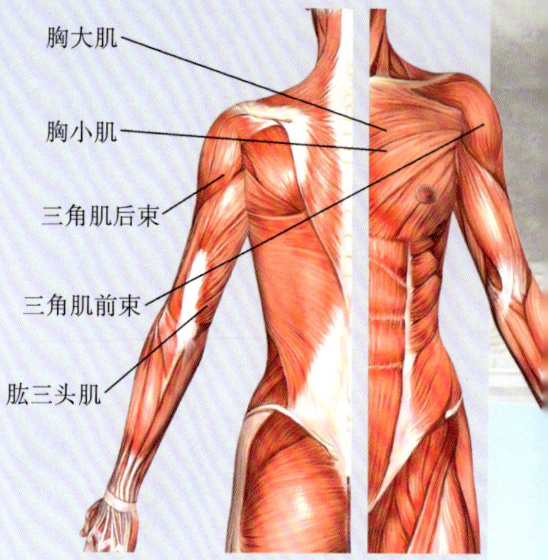


胸部和肩部肌肉

### 动作要领

- 动作全程核心肌群保持紧张。

### 避免

- 腕部压力过大。

# 阻力棒练习

阻力棒已经流行了很多年。阻力棒练习通过为多组肌群提供较大的等长负荷，可以有效地训练肩部、臂部（特别是前臂和肱三头肌）、背部和胸部肌肉。

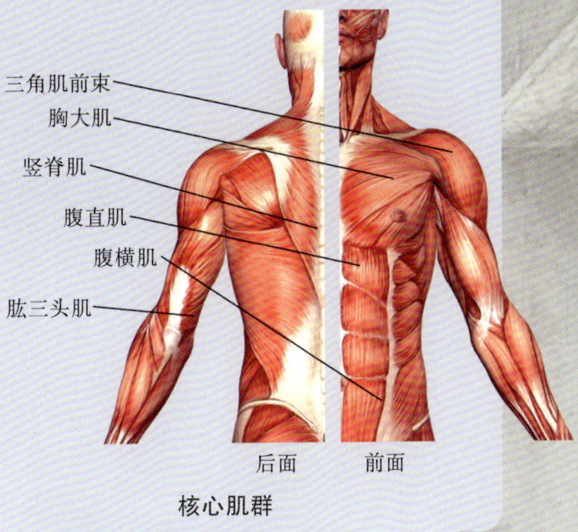


**第一步：** 两脚稳稳地直立于地面，双脚分开约与髋同宽。

**第二步：** 双手握持阻力棒两端，拉直并与胸部齐平。

**第三步：** 缓慢用力弯曲阻力棒呈倒 U 形，直至两端几乎接触，保持 3 秒钟。

**第四步：** 慢慢放松阻力棒，回至拉直状态。

**第五步：** 重复 20 次。

### 动作要领

- 动作全程保持臂部和胸部肌肉紧张。
- 动作尽量缓慢可使锻炼效果更好。

### 避免

- 阻力棒突然绷回原处。

# 肩部练习

肩部由一系列错综复杂的肌肉群组成，肩部肌群主要包括三角肌，负责上臂 360 度旋转。许多健身者通过各种压力性运动着重发展了三角肌前束，而忽视了各类轻型器械针对三角肌中束和后束的训练。肩部肌肉得到充分的训练不仅有利于力量发展和身材的健美，还可以改善体态。

# 哑铃动力上提反举

哑铃动力上提反举是提高肩带和上背部肌群动力、发达程度和力量的多关节练习。这种深度并有规律性的锻炼还可以改善体形。

**第一步：**双脚开立与肩同宽，体前放一对哑铃。

**第二步：**双腿下蹲，双手抓握哑铃上提。

**第三步：**反转哑铃接近上胸部，之后回至初始位置。

**第四步：**连续重复 6~8 次。

### 目标肌肉

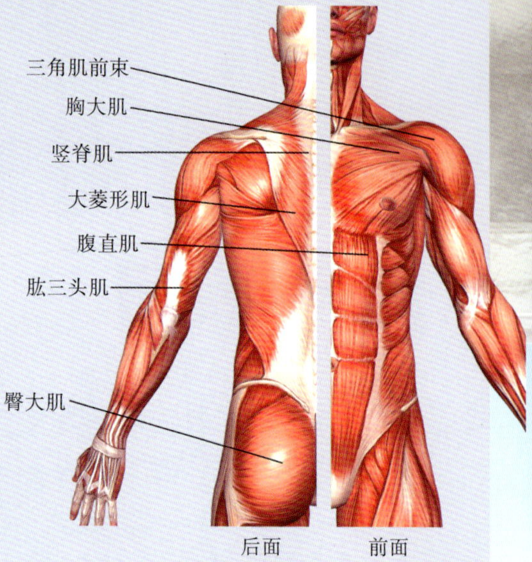


肩部和上背部肌肉

2

3

### 动作要领

- 动作全程保持哑铃接近身体。
- 背部保持直立。

### 避免

- 腕部压力过大。
- 冲力过大。

# 哑铃动力上提反推

哑铃动力上提反推练习可以强化上体的多块主要肌肉，改善体形。完成此动作要求力量、速度和时机的把握以及正确的运动技巧，以获得锻炼最大效果。

**第一步：** 双脚开立与肩同宽，体前放置一对哑铃。

**第二步：** 双腿下蹲，双手抓握哑铃上提。

**第三步：** 反转哑铃接近上胸部，伸直手臂直接上举过头。之后翻转回至初始位置。

**第四步：** 连续重复 6~8 次。

目标肌肉

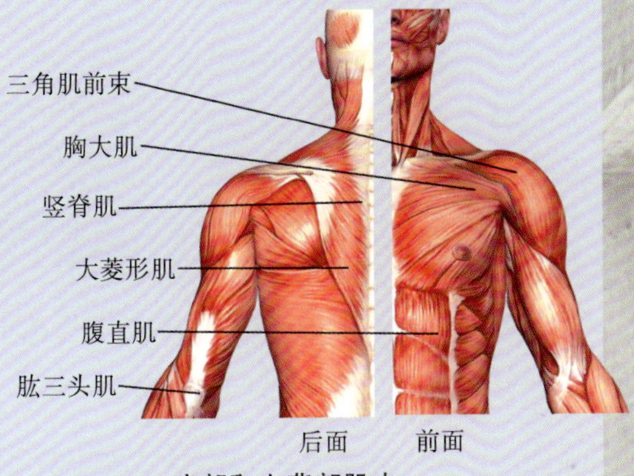


肩部和上背部肌肉

2

3

### 动作要领

- 动作全程保持哑铃接近身体。
- 背部保持直立。

### 避免

- 腕部压力过大。
- 冲力过大。

# 双壶铃上提反举

双壶铃上提反举练习要求在身体绷紧但上臂尽量放松的状态下进行。练习者应更多地注意壶铃的摆动和方向变化，而不是壶铃的位置。若想提高这个练习的难度，可以在动作结束时将壶铃上举过头。

**警告：**腕部疼痛或肩关节有问题者不宜做此练习。

目标肌肉

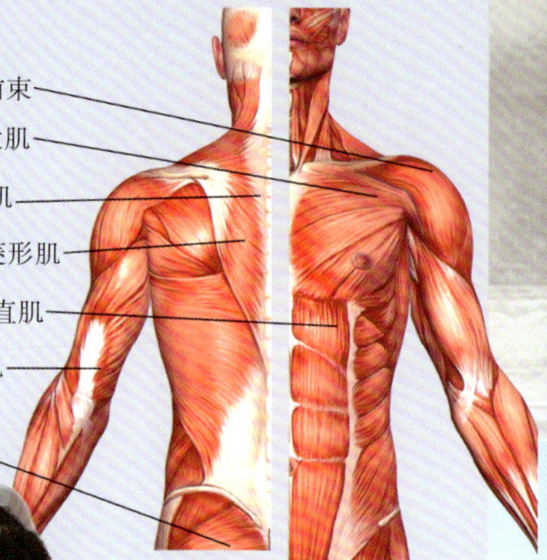


肩部和上背部肌肉

**第一步：**起始为下蹲位，双手各握持一只壶铃，两只壶铃的中点与脚的中点在一条直线上。

**第二步：**身体下移，手臂内转，拇指指尖向后。

**第三步：**腹肌收紧，双脚下蹬，髋部向前用力，以产生足够冲力将壶铃上提至颈部。

**第四步：**手腕放松，壶铃顺势绕过小臂反向下落。

**第五步：**重复 15 次。

### 动作要领

- 眼睛平视前方，保持身体和背部正直。
- 颈部应伸长。
- 控制呼吸。

### 避免

- 壶铃碰撞前臂。

# 哑铃肩压举

哑铃肩压举是非常好的肩部肌群力量练习。通过调整哑铃运动弧线，此练习在某些方面优于杠铃肩举。

**第一步：**手握哑铃上举过肩，掌心向前。

**第二步：**以一定弧线向内上方用力推举哑铃，两哑铃在最高处几乎相碰。之后，沿原路线放回哑铃。

**第三步：**重复 8~10 次。

**目标肌肉**

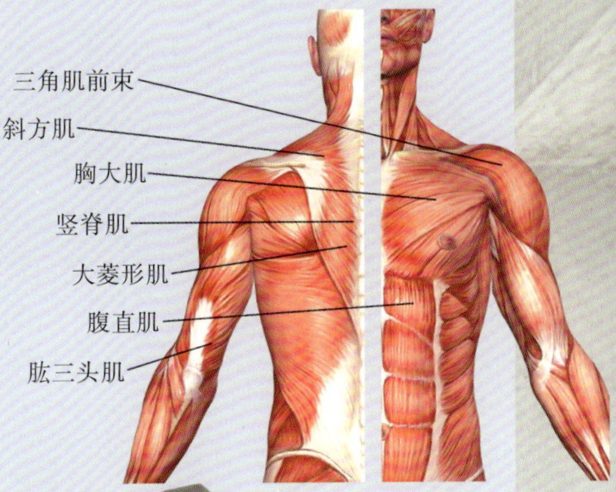


肩部和上背部肌肉

### 动作要领

- 重复动作应缓慢而有控制。
- 保持躯干稳定和上体直立。
- 哑铃下降尽量至肩外侧。

### 避免

- 重复动作时弹性过大。
- 在下降阶段哑铃掉落。
- 动作活动范围不足。

# 瑞士球哑铃交替肩压举

瑞士球哑铃交替肩压举练习不仅可以强化三角肌，而且由于要求达到身体的稳定性而有利于整个核心肌群，是有益于平衡和力量的综合性训练方法。

**目标肌肉**

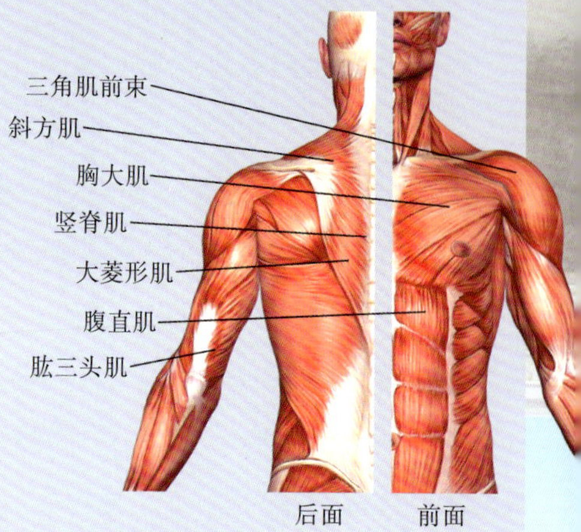


肩部肌肉

**第一步：** 起始为坐在瑞士球上，手握哑铃上举过肩。

**第二步：** 单臂向上伸直推举哑铃过头，之后放回原处。

**第三步：** 对侧手臂伸直推举，回至原处。每侧手臂重复 8~10 次。

**动作要领**

- 重复动作应缓慢而有控制。
- 保持躯干稳定和上体直立。
- 哑铃下降尽量至肩外侧。

**避免**

- 重复动作时弹性过大。
- 在下降阶段哑铃掉落。
- 动作活动范围不足。

# 哑铃交替肩压举

哑铃交替肩压举是另一项直接作用于并强化三角肌的常规练习，它还要求身体的稳定性以及动作技巧，因此也有利于提高核心肌力。

**第一步：**起始为站立位，手握哑铃上举过肩。

**第二步：**右臂直接上举过头。

**第三步：**右臂下落，左臂上举、回落。每侧手臂重复 8~10 次。

### 动作要领

- 重复动作应缓慢而有控制。
- 保持躯干稳定和上体平直。
- 哑铃应始终贴近身体。

### 避免

- 弓背。
- 速度过快或过猛。
- 动作活动范围不足。

### 目标肌肉

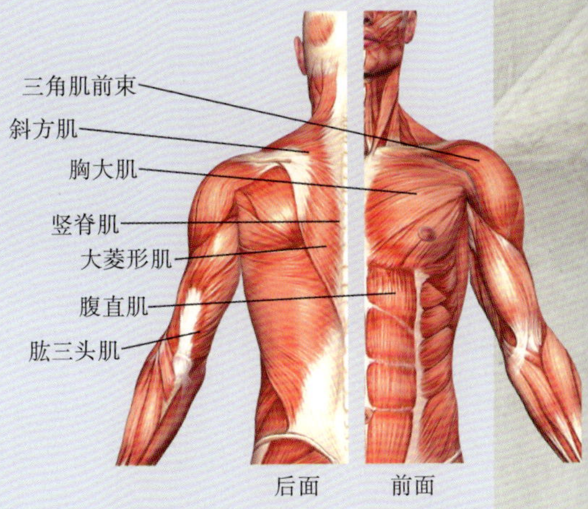


肩部肌肉

# 臂前举

臂前举练习针对性地强化肩的前群肌，对于上举过头动作有困难的练习者，训练效果尤为明显。作为此练习的变式，练习者可以选择左右臂交替上下前举的方式。

目标肌肉

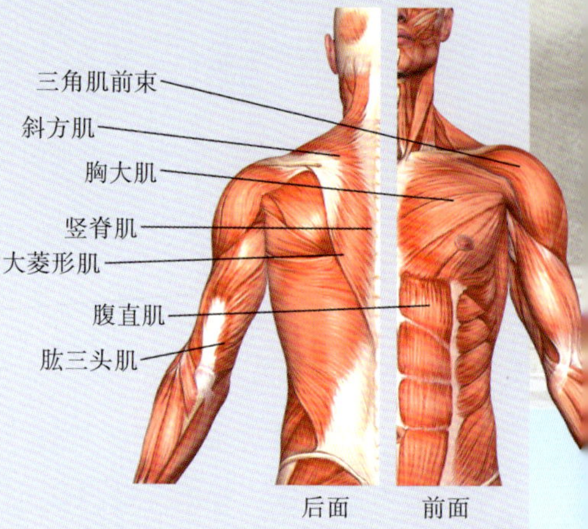


肩部肌肉

**第一步：**起始为两手相对，两臂位于身体两侧，手握哑铃站立。

**第二步：**手臂向上抬起，转动手掌朝下，至两臂与地面平行。

**第三步：**重复 8~10 次。

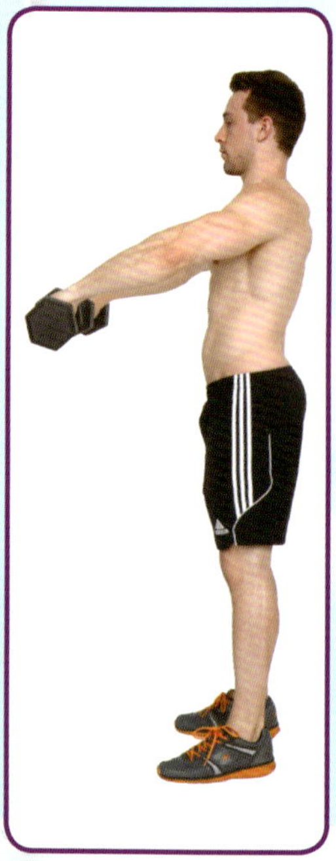

### 动作要领

- 动作全程保持垂直站立。
- 动作全程两臂微屈。
- 抬臂时手掌朝下。

### 避免

- 手臂抬起过高，超过与地面的平行线。
- 动作速度过快、过猛。
- 腰部取代肩部用力。

# 臂侧举

臂侧举针对性地强化三角肌，可以使练习者肩部更加宽阔。小三角肌的位置就决定了锻炼好这个部位的肌肉，有利于练习者获得完美的 V 形身材。

**第一步：**起始为站立位，手握哑铃于体侧，手掌相对。

**第二步：**两臂侧平举至与地面平行，臂微屈，拇指微转向下。

**第三步：**两臂回落，连续重复 10~12 次。

**目标肌肉**

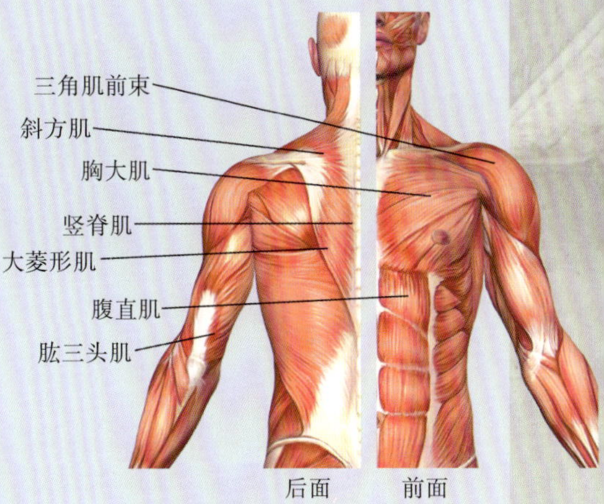


肩部肌肉

**动作要领**

- 动作全程保持身体直立。
- 整个动作过程中两臂微屈。
- 抬臂时拇指微朝下。

**避免**

- 手臂抬起过高，超过与地面的平行线。
- 动作速度过快、过猛。
- 三角肌前束过多参与动作。

# 屈身肩侧举

屈身肩侧举是强化肩部的重要练习，也有利于改善体形。

**第一步：** 起始为站立位，手握哑铃于体侧，手掌相对。

**第二步：** 两膝微屈，弯腰向前，后背伸直，同时手握哑铃于体外侧。

**第三步：** 两臂呈环抱状反向上举，之后回落。重复 10~12 次。

目标肌肉

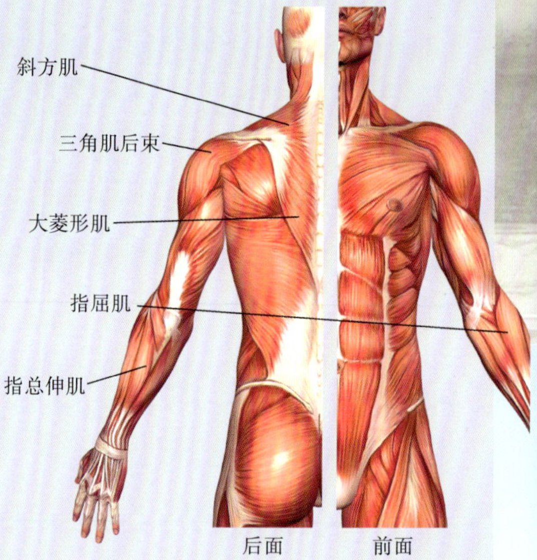


肩部肌肉

### 动作要领

- 动作全程保持背部平直。
- 整个动作过程中两臂微屈。

### 避免

- 动作速度过快、过猛。
- 三角肌前部过多参与动作。
- 驼背。

# 壶铃交替肩上举

壶铃交替肩上举针对的是三角肌和肱三头肌，是一种简单有效的强化肩部力量练习方法。

目标肌肉

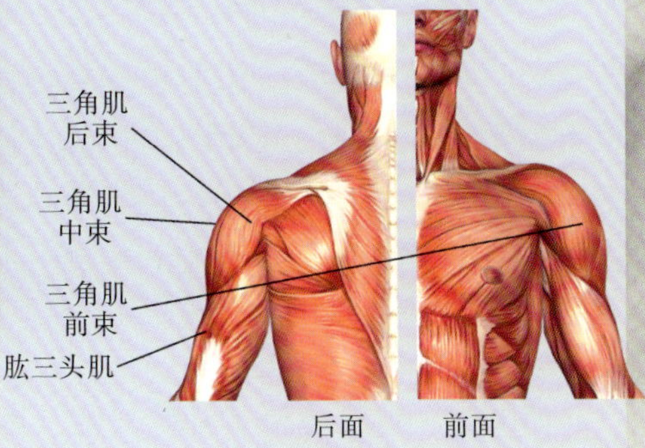


肩部肌肉

**第一步**：双脚分开与肩同宽站立，壶铃上举至肩侧，手掌向内。

**第二步**：右臂伸直上举壶铃，中途手掌转向前，对侧壶铃尽量保持静止。

**第三步**：右臂下落，手掌后转向内。之后，左臂完成同样动作。每侧手臂重复 8~10 次。

### 动作要领

- 动作全程保持核心肌群用力。

### 避免

- 动作过程中过度后倾。

### 变式

简易版：双臂同时上举（如图）。

加强版：单腿站立完成动作。

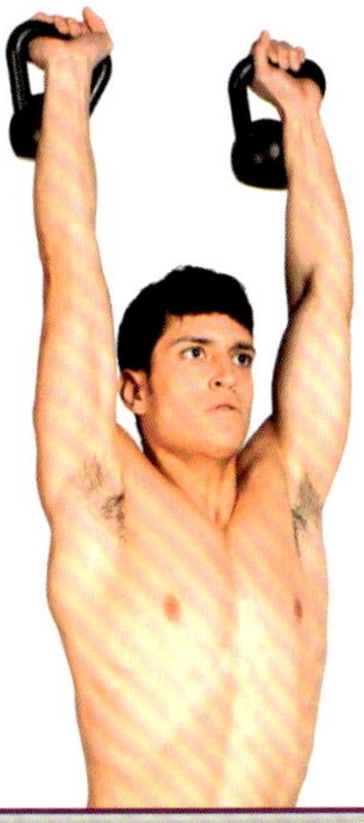

# 哑铃耸肩

哑铃耸肩练习对于斜方肌具有超凡的强化效果，亦可加大上背部肌群的体积。在健身馆中，此练习和卧推、杠铃弯举等均是非常流行的力量训练手段。

**第一步：**起始为双手握持哑铃于身体两侧，两手掌相对。

**第二步：**双肩向耳部尽力垂直上耸，之后回至原位。重复 10~12 次。

### 目标肌肉

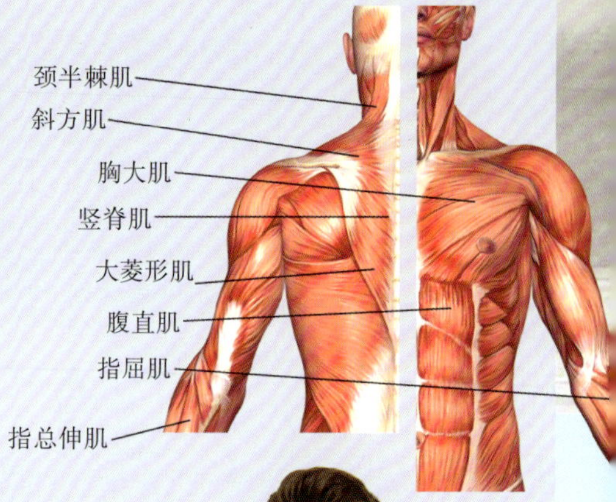


颈部肌肉

1

2

### 动作要领

- 肩垂直上下。
- 头部保持略前伸。
- 有控制地降低身体重心。

### 避免

- 肩后翻。
- 动作速度过快、过猛。
- 身体后倾。

# 哑铃头上耸肩

哑铃头上耸肩是传统耸肩练习的变式，可强化上背部和肩部肌群。此练习可以为目标肌群提供更多的额外刺激。

**第一步：** 双手握持哑铃，指关节向前。将哑铃上举过头，直至双臂伸直。

**第二步：** 双肩向耳部尽力垂直上耸，之后回至原位。

**第三步：** 重复 10~12 次。

目标肌肉

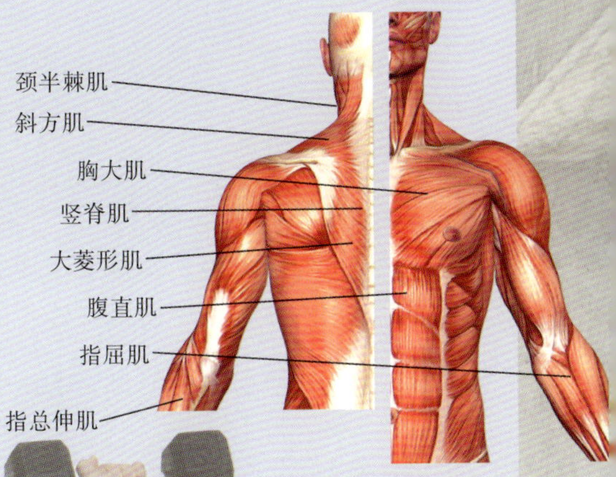

颈部肌肉

### 动作要领

- 肩垂直上下耸动。
- 手臂保持伸长。
- 动作全程保持姿势直立。

### 避免

- 肩后翻。
- 动作速度过快、过猛。
- 身体后倾。

# 杠铃动力上提反举

杠铃动力上提反举是强化三角肌、上背部肌群、腿部肌群、臀部肌群、胭旁肌和核心肌群的经典运动方法，可以有效地强化肩部和上背部肌群的力量，增大肌肉体积。

**第一步：**双脚分开与肩同宽站立于杠铃前，眼睛直视前方，下蹲抓握杠铃，两膝尽量接近杠铃杆。

**第二步：**双腿伸直，回至直立位，同时双手上提杠铃接近上胸部。

**第三步：**从上胸部反转杠铃，之后回至初始位置。重复6~8次。

## 目标肌肉

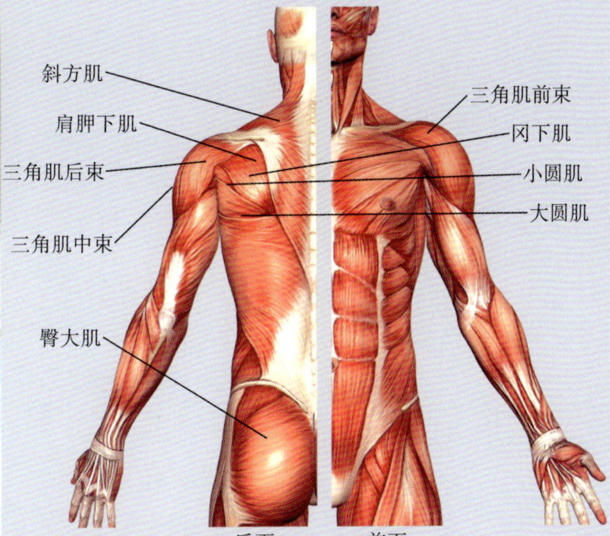


肩部和上背部肌肉

### 动作要领

- 确保利用腿部帮助完成动作。

### 避免

- 过度弓背。

### 变式

简易版：减小杠铃重量或利用自身体重完成动作。

加强版：用哑铃代替杠铃（如图）。

# 双壶铃抓举

双壶铃抓举练习主要强化三角肌、臀肌、股四头肌和腘旁肌的力量。可以采取双手握持单个壶铃降低动作难度，或者单臂交替提举壶铃提高练习挑战性。

**目标肌肉**

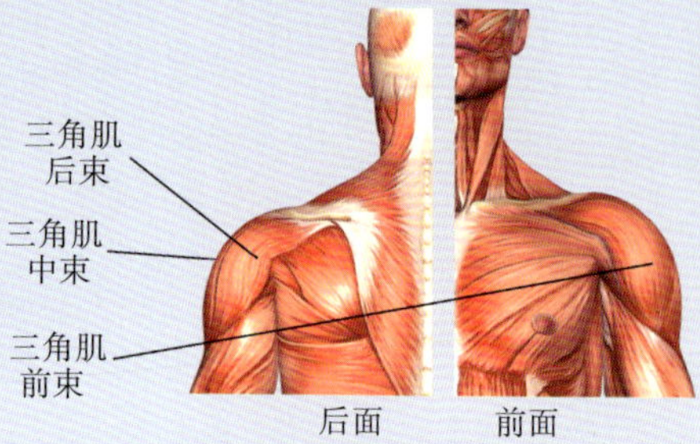


肩部肌肉

**第一步：**双脚分开略宽于肩站立，双手分别抓握壶铃于身体两侧。

**第二步：**双腿屈膝下蹲，躯干略前倾，髋后伸。双臂置于两腿之间，壶铃紧邻大腿内侧。

**第三步：**髋部用力，将壶铃迅速且稳定地上举过头，之后回至初始位置。重复 8~10 次。

### 动作要领

- 动作全程保持背部平直。

### 避免

- 肩后翻。
- 动作速度过快、过猛。
- 身体后倾。
- 用力不当且过度使用肩部力量。

# 弹力带外拉旋转

弹力带外拉旋转是增强肩部肌群力量和爆发力的简易练习，亦可提升三角肌和前臂肌群肌力。

目标肌肉

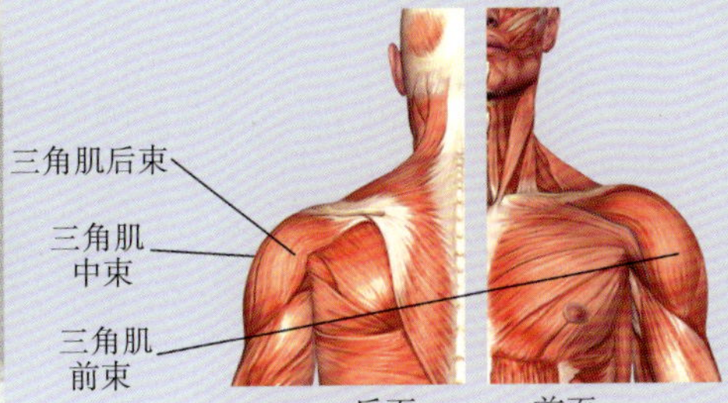


肩部肌肉

**第一步：**将弹力带一端固定在肘部高度。右手抓住弹力带另一端，上臂紧贴于体侧，前臂平行于地面。

**第二步：**上臂保持原位，前臂尽力向体侧外拉，之后回至原位。重复 12~15 次，换至左臂。

### 动作要领

- 保持上臂紧贴体侧。

### 避免

- 动作速度过快。

# 健身球肩推举

健身球肩推举是锻炼肩部肌群力量的简单有效练习。可以采用单脚站立或闭眼练习此动作以增加难度。

目标肌肉

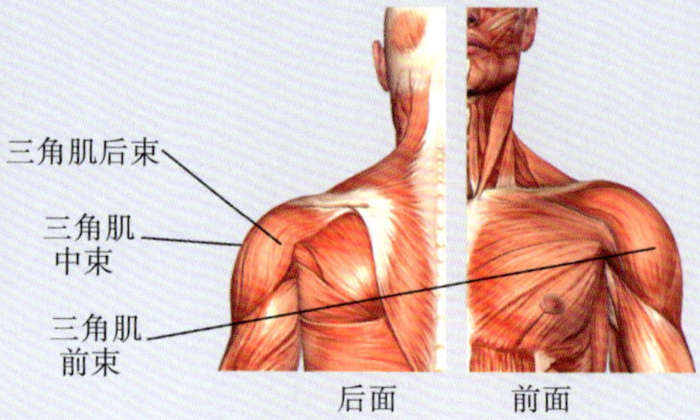


肩部肌肉

**第一步：**双脚分开与肩同宽站立，左手握持健身球约同头高度。

**第二步：**尽力向上伸直上臂，推举健身球于头部上方。

**第三步：**手臂回落，健身球回至初始位置，重复 12~15 次。之后换至右臂。

### 动作要领

- 动作全程保持脊柱直立。

### 避免

- 动作速度过快、过猛。

# 站立杠铃反推

站立杠铃反推是一项经典的器械练习，其爆发性动作可以加大肩部和上臂肌群的体积，特别是三角肌和肱二头肌。

**第一步：** 练习者站立于杠铃前，双眼与杠铃架相平。双手分开与肩同宽，从杠铃架上抓握起杠铃，略后退。

**第二步：** 手臂向上尽力伸直，杠铃上举过头。

**第三步：** 杠铃回落，回至上胸部初始位置。重复6~8 次。

### 目标肌肉

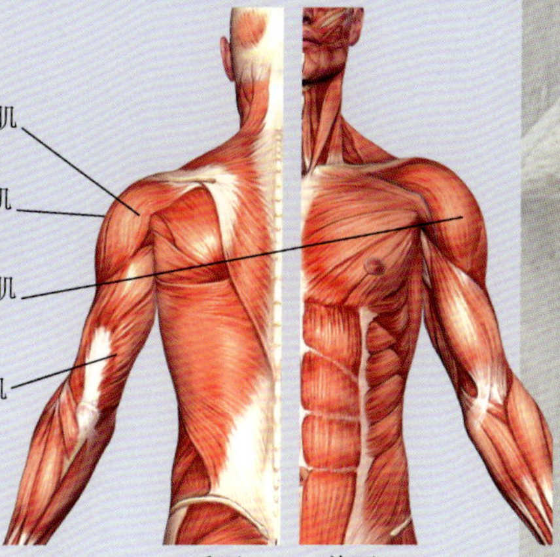


肩部肌肉

### 动作要领

- 杠铃一直从肩前上举，不能从颈后上举。

### 避免

- 身体过度后倾。

### 变式

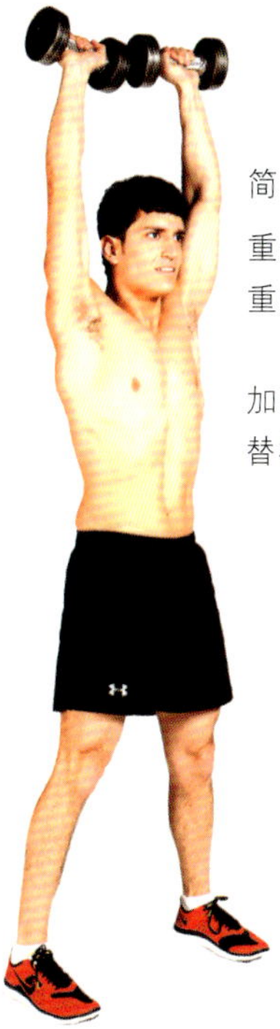

简易版：减小杠铃重量或利用自身体重完成动作。

加强版：用哑铃代替杠铃（如图）。

# 臂部练习

臂部肌群主要包括二头肌和三头肌。二头肌位于上臂前侧，负责腕部内旋，是臂部力量训练的主要肌肉。三头肌位于上臂后侧，主要负责腕部外转。三头肌占上臂围度的2/3，在强壮手臂的练习中，三头肌训练相对于二头肌更加重要。

# 卧位 EZ 曲杆杠铃三头肌推伸

卧位 EZ 曲杆杠铃三头肌推伸是强化三头肌力量的针对性基础练习。作为肌肉力量的缔造者，这个练习对于上臂的重要性等同于深蹲对于大腿肌的意义。

目标肌肉

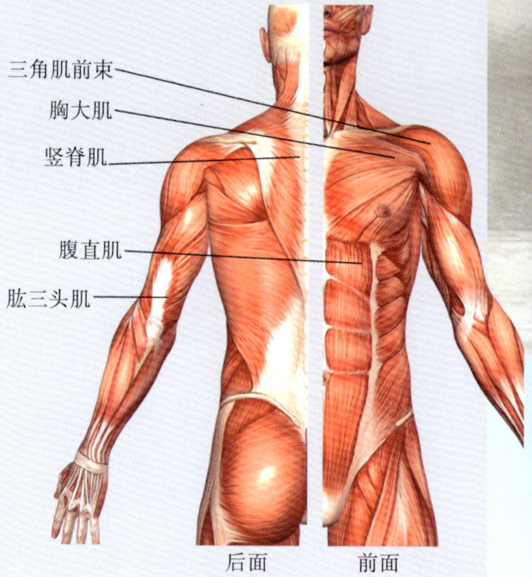


三头肌

**第一步：**平躺于卧推凳上，掌心向上抓握杠铃曲杆的内侧，双脚撑地平放于地面。

**第二步：**手臂从胸前尽力上举杠铃停住，之后屈肘下落。

**第三步：**两肘向内锁紧，杠铃回落至肘完全屈曲。

**第四步：**重复 10~12 次。

### 动作要领

- 头后完全伸展。
- 保持躯干稳定和上体正直。
- 保持双肘向内。

### 避免

- 动作速度过快。
- 撞击头部。
- 肘部外展。

# 瑞士球哑铃头上臂伸展

瑞士球哑铃头上臂伸展是非常有效的强化三头肌外束的练习。此练习坐于瑞士球上进行，因此有利于加强核心肌群。

**第一步：**起始为坐于瑞士球上，双肘向内，两掌心相对，抓握哑铃举于头上。

**第二步：**前臂向头后屈曲至与地面约呈 90 度角，之后臂伸回至头上。

**第三步：**重复 10~12 次。

### 目标肌肉

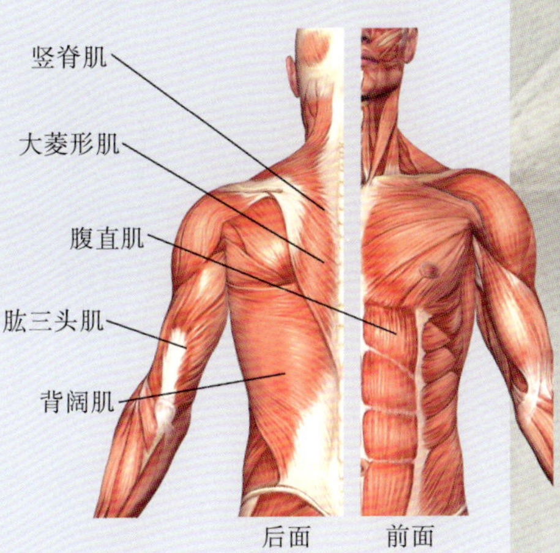


三头肌

### 动作要领

- 重复动作应缓慢而有控制。
- 保持双肘向内。
- 保持上体静止。

### 避免

- 动作速度过快。
- 动作幅度过小或弹性过大。
- 哑铃打到头部。

# 弹力带臂曲拉

弹力带臂曲拉是强效的二头肌力量训练方法，同时能够达到塑形的效果。

目标肌肉

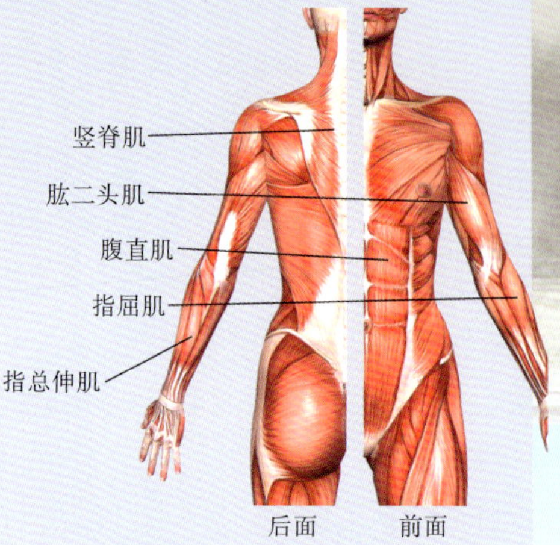


二头肌

**第一步：** 弹力带固定于稳定物体或踩于脚下，练习者两手握住弹力带两端，手心向上。

**第二步：** 屈肘上拉弹力带至两手接近肩部。

**第三步：** 放松弹力带至初始位置，连续重复 12~15 次。

### 动作要领

- 保证动作完全到位。
- 弹力带要固定牢靠。
- 弹力带放松时要有控制地减小阻力。

### 避免

- 动作幅度过小。
- 动作速度过快或用力过猛。
- 腰部过于用力。

# 三头肌头上伸展

三头肌头上伸展练习主要针对的是三头肌，可以有效地加强三头肌的体积和力量。

目标肌肉

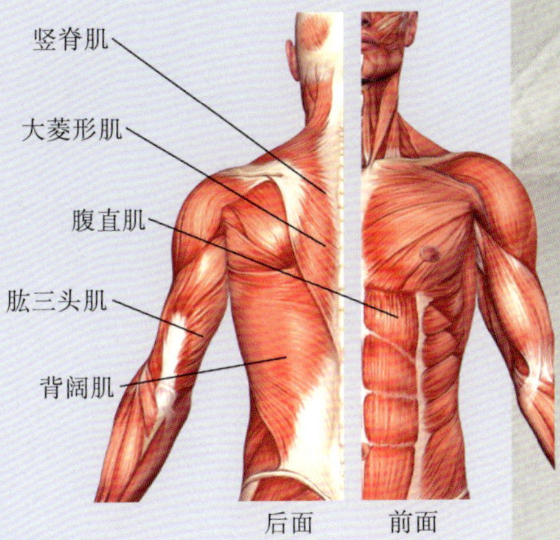


三头肌

**第一步：** 弹力带固定于稳定物体或踩于脚下，练习者两手从头后握住弹力带两端。

**第二步：** 上臂绷紧，向上尽力伸直牵拉。

**第三步：** 放松弹力带回至初始位置，连续重复 12~15 次。

### 动作要领

- 重复动作应慢而有控制。
- 保持双肘向内。
- 保持上体静止。

### 避免

- 动作速度过快。
- 动作过程中伸展不足。
- 击打头部。

# 弹力带臂后伸

弹力带臂后伸是非常完美的三头肌强化练习。整个动作过程中三头肌持续紧张，可以很好地塑形手臂。

**第一步：**两手各持弹力带一端，双脚分开踩于弹力带中部。

**第二步：**上背平直前伸，上臂贴于体侧，两肘向内，前臂向体后直线伸展。

**第三步：**手臂收缩，之后回到初始位置，连续重复 12~15 次。

### 目标肌肉

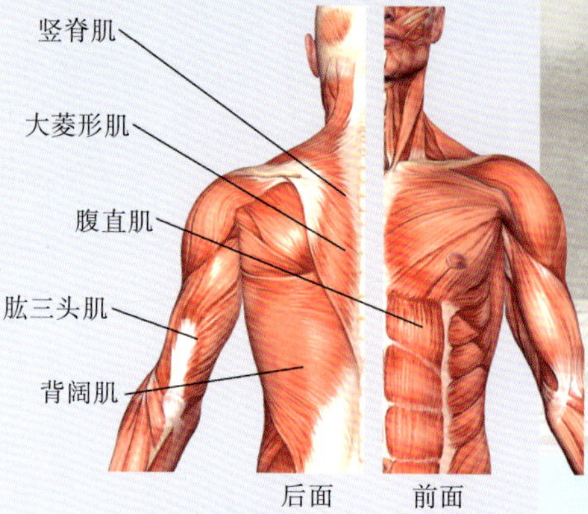


三头肌

### 动作要领

- 重复动作应慢而有控制。
- 保持双肘向内。
- 保持后背平直。

### 避免

- 动作速度过快。
- 双肘向外。
- 动作范围过小。

# 瑞士球牧师杠铃臂弯举

瑞士球牧师杠铃臂弯举是有效的二头肌强化练习，特别是针对于二头肌下部肌肉。在瑞士球上完成动作亦有利于加强核心肌群的稳定。

**第一步：** 起始为坐于瑞士球上，双臂伸直，两手向下并分开，与肩同宽，握住杠铃。

**第二步：** 两臂屈肘至手掌接近双肩。回至初始位置，重复 10~12 次。

### 目标肌肉

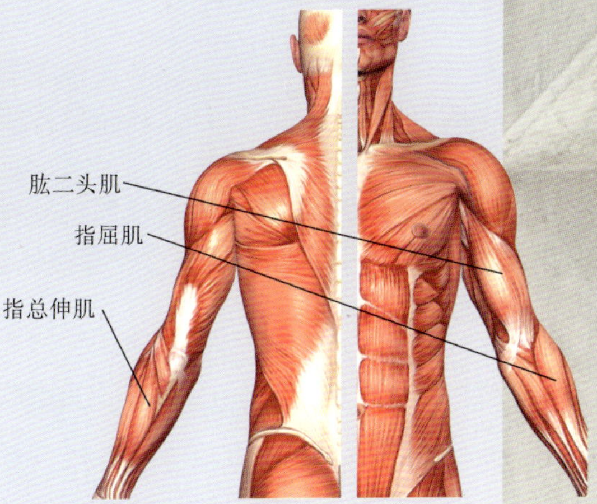


二头肌

### 动作要领

- 保持完整的动作活动范围。
- 保持两臂伸直于体前。
- 有控制地降低重心。

### 避免

- 上举时晃动。
- 动作速度过快或用力过猛。
- 过多使用肩部力量。

2

1

# 辅助臂下沉

辅助臂下沉练习是一种非常有效的力量性练习，动作过程中三头肌持续紧张，可以有效地加强三头肌力量，同时亦有助于提高核心肌群的稳定性。这项练习的难度比正常下沉要小一些，因为不必完全撑起体重。

目标肌肉

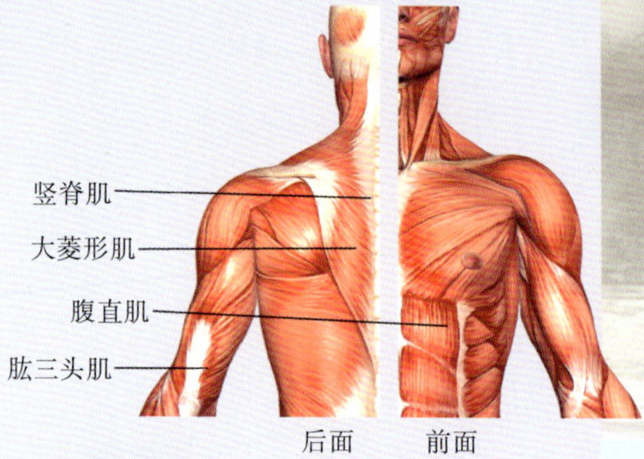


三头肌

**第一步：**起始为站立于辅助下沉架前。

**第二步：**两手紧握支架支撑身体，身体前倾下降。双肘于体侧屈曲，前臂尽量下沉，至少应平行于地面，如果可以的话尽量下沉。

**第三步：**双臂用力下推伸直，之后再缓慢屈臂返回。重复 10~12 次。

### 动作要领

- 重复动作应慢而有控制。
- 保持双肘向内贴于体侧。
- 保持完整的动作活动范围。

### 避免

- 动作速度过快。
- 动作幅度过小或弹性过大。
- 身体过于前伸。

# EZ 曲杆杠铃臂斜屈

EZ 曲杆杠铃的主要益处在于练习者无法偷懒，并可避免动作过程中出现晃动。这个练习可以使练习者在事先锁定的活动范围内有效地、针对性地锻炼目标肌肉。

**第一步：** 屈膝，前胸抵靠于倾斜的卧推凳边缘，两手握持 EZ 杠铃杆，上臂牢靠地置于卧推凳上，屈膝。

**第二步：** 两臂握持杠铃于身体下方完全伸直，双肘屈曲至手掌接近双肩。回至初始位置，重复 10~12 次。

目标肌肉

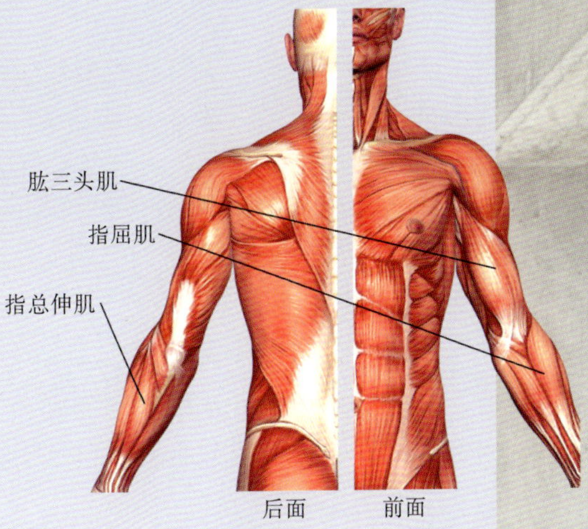


**动作要领**

- 保持完整的动作活动范围。
- 两臂于体前伸直。
- 杠铃下降动作应有控制。

**避免**

- 杠铃向上摆动。
- 动作速度过快或用力过猛。
- 肩部过多用力。

# 垂直臂下沉

垂直臂下沉是一项出色的强化三头肌的力量性训练方法，同时能够动员全部上体肌群，这种爆发性力量练习对练习者非常有益。

**第一步：** 站立于垂直下沉训练架前，双手紧握平行杆。

**第二步：** 身体下沉，深吸气，同时屈肘下沉至上臂平行于地面。

**第三步：** 呼气，推动身体回至初始位置。

**第四步：** 重复 8~10 次。

## 目标肌肉

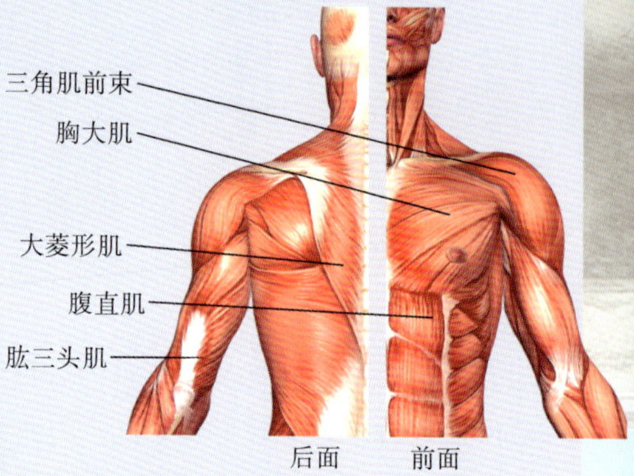


三头肌

### 动作要领

- 重复动作应缓慢而有控制。
- 保持躯干稳定和上体平直。
- 身体下沉直至上臂平行于地面。

### 避免

- 动作速度过快。
- 动作幅度过小或弹性过大。
- 身体过于前伸。

# 长凳臂下沉

长凳臂下沉是利用自身体重强化三头肌力的经典练习，趣味性很强并且效果明显。当练习者在重复动作中因疲劳而无法做到规定动作幅度时，应及时停止训练，避免受伤。

目标肌肉

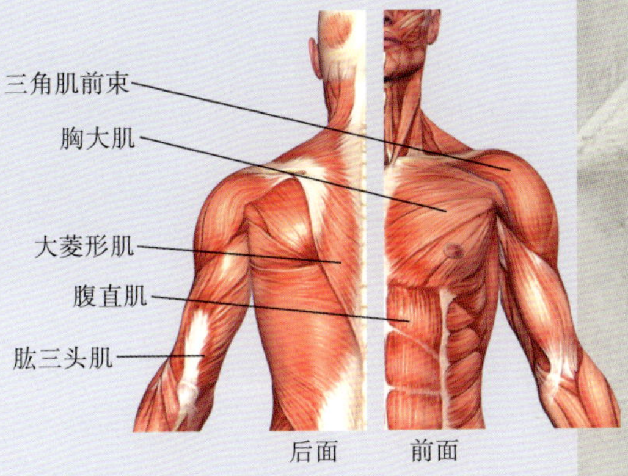


三头肌

**第一步：** 起始为侧向坐于长平凳中间。

**第二步：** 两手放于臀部两侧。深吸气，上臂屈曲使身体下沉至三头肌平行于地面。

**第三步：** 呼气，推动身体返回至初始位置。

**第四步：** 重复 8~10 次。

### 动作要领

- 重复动作应缓慢而有控制。
- 保持躯干稳定和上体平直。
- 身体下沉至上臂平行于地面。

### 避免

- 动作速度过快。
- 动作幅度过小或弹性过大。
- 肩部过于用力。

# 瑞士球哑铃臂屈曲

瑞士球哑铃臂屈曲是非常有效的二头肌肌力强化练习，对前臂肌群也有一定影响。坐在瑞士球上完成臂屈曲动作，亦有利于加强核心肌群的力量。

**第一步：**起始为坐于瑞士球上，双臂伸直于体侧，两手握住哑铃。

**第二步：**双肘缓慢屈曲，提起哑铃至接近双肩，之后回落至初始位置，重复 10~12 次。

### 动作要领

- 动作过程中保持双肩放松。
- 哑铃下落时要有所控制。

### 避免

- 动作速度过快。
- 肩部过多用力。

目标肌肉

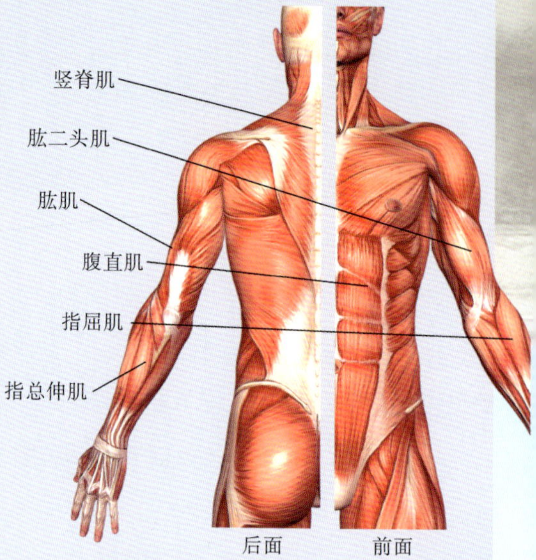


二头肌

# 健身球三角俯卧撑

健身球三角俯卧撑利用健身球增加了动作中的扭转，使此练习比常规俯卧撑对臂部的刺激更大，是强化三头肌的高效练习。

**第一步：** 面朝下，双脚尖撑地，两脚分开与肩同宽，两手撑扶健身球两侧，在胸部下方呈三角形。

**第二步：** 两肘屈曲，身体重心下降至上臂平行于地面，胸部接近健身球。之后两臂伸直。

**第三步：** 保持核心肌群用力，身体平直的同时身体重心再次下降。重复 12~15 次。

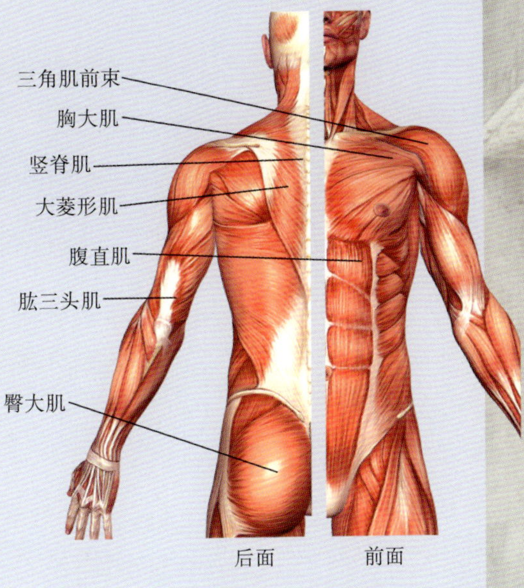


### 动作要领

- 重复动作应慢而有控制。
- 保持上体平直。
- 身体下沉至上臂平行于地面。

### 避免

- 动作速度过快。
- 动作幅度过小或弹性过大。
- 腰部下沉过多。

1

2

# 杠铃臂屈

杠铃臂屈是从力量性训练初始即流行的练习方法，被普遍认为是二头肌训练的元老级方法，可以强化二头肌的力量和体积，是健身馆中常用的力量练习方法。

**第一步：** 两臂伸直，两手分开与肩同宽于体前握提杠铃。

**第二步：** 双肘屈曲提起杠铃至接近双肩，之后回落至初始位置。

**第三步：** 重复 10~12 次。

### 动作要领

- 保持完整的动作活动范围。
- 保持正确的身体姿势。
- 杠铃下落应有控制。

### 避免

- 杠铃向上提起时晃动。
- 动作速度过快或用力过猛。
- 腰部过多用力。

目标肌肉

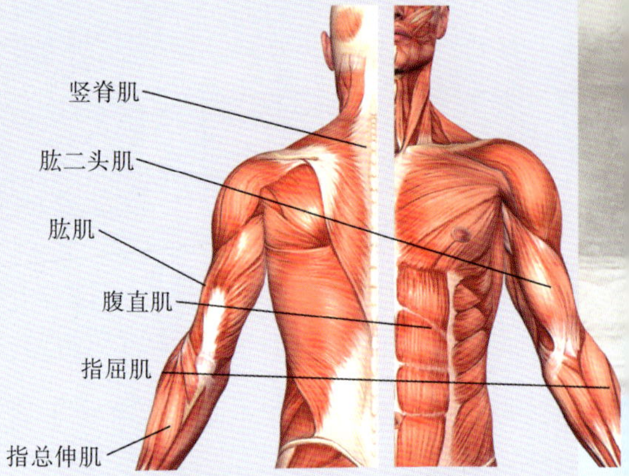


二头肌

# 壶铃上下臂屈摆

壶铃上下臂屈摆是简单的加强前臂肌、二头肌和肩部肌力的练习。

**第一步：** 身体直立，右手握持壶玲，双脚分开与肩同宽。右手抓紧壶铃用力向后摆臂，之后向前摆臂至头上。动作过程中请握紧把手。

**第二步：** 当上臂与地面平行时，保持此姿势，之后手臂下降至初始位置。每侧手臂重复 8~10 次。

目标肌肉

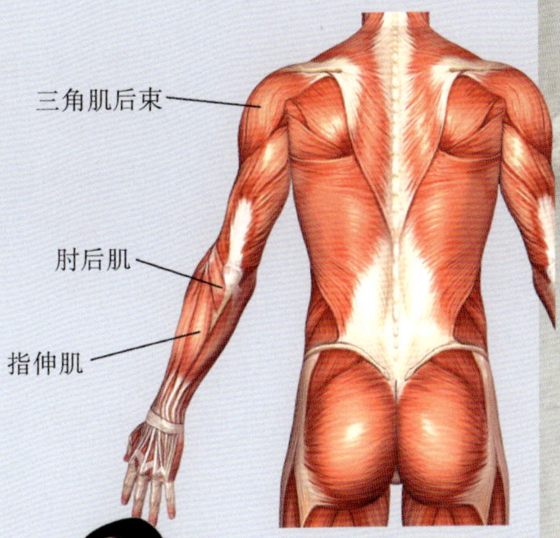


前臂肌

## 动作要领

- 动作全程保持背部平直。

## 避免

- 壶铃握持过松。

# 单杠反手窄握引体向上

单杠反手窄握引体向上练习极具挑战性，这个经典的练习主要加强二头肌和背部肌群力量。练习者可以令辅助者支撑其腿部重量来降低强度或通过两腿之间放置哑铃来增加练习阻力。

**第一步：**站立于单杠前，直接或站立于凳子上反手抓握单杠，两手分开与肩同宽，两臂伸直，身体自然悬垂。

**第二步：**双腿在踝部交叉，向上引体。

**第三步：**下巴尽可能接近单杠，之后身体回落至两臂伸直的位置。重复 8~10 次。

### 目标肌肉

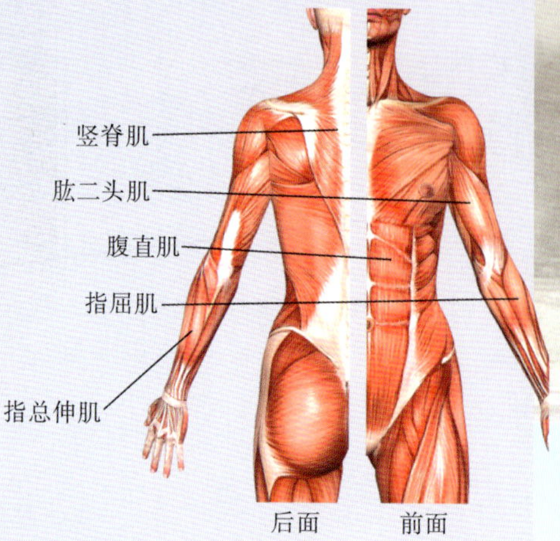


二头肌

### 动作要领

- 保持完整的动作活动范围。

### 避免

- 身体突然下落。

# 宽握杠铃高拉

宽握杠铃高拉主要强化腿部、上背部、前臂肌肉和核心肌群。练习者可以通过减轻杠铃重量以降低练习难度，或者通过减小双脚间距离以提高动作难度。

**第一步：**双脚分开与髋同宽，站立于杠铃前，小腿接近杠铃。

**第二步：**屈膝至大腿约与地面平行，双手分开略宽于肩，抓紧杠铃。

**第三步：**背部平直，双腿伸直站起，同时抓提杠铃拉至肩部高度。

**第四步：**放低杠铃至两臂伸直，再落回地面。重复 8~10 次。

### 动作要领

- 动作全程背部保持平直。

### 避免

- 动作速度过快。

目标肌肉

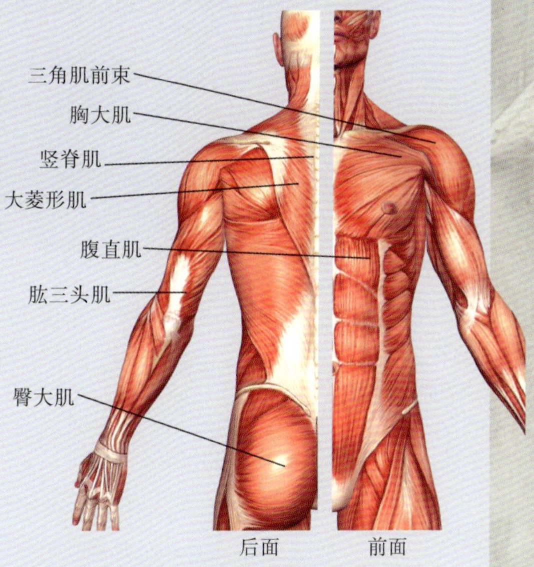


上身肌肉

# 背部练习

背部肌群负责向下、向后固定和拉动肋骨、脊柱，以及腰背部的伸展等活动。背部肌群主要包括背阔肌、斜方肌等，其中斜方肌是仅次于臀大肌的身体第二大肌肉。有力的背部肌群可以产生惊人的力量和运动表现。系统并持续的背部训练可以使练习者拥有健美的 V 形身材。

# 哑铃倾斜划船

对于腰部疼痛或腰部控制能力较差的人群，哑铃倾斜划船练习非常适合。因为此动作易于使正确的肌肉部位参与动作，而减轻腰部压力。练习者可以利用瑞士球或斜凳完成练习。

**第一步：** 练习者上体俯卧于瑞士球上，双腿后伸，两手握哑铃。

**第二步：** 用力收缩背阔肌，两手向外移动哑铃。

**第三步：** 下移哑铃回至背部完全伸展。重复8~10次。

目标肌肉

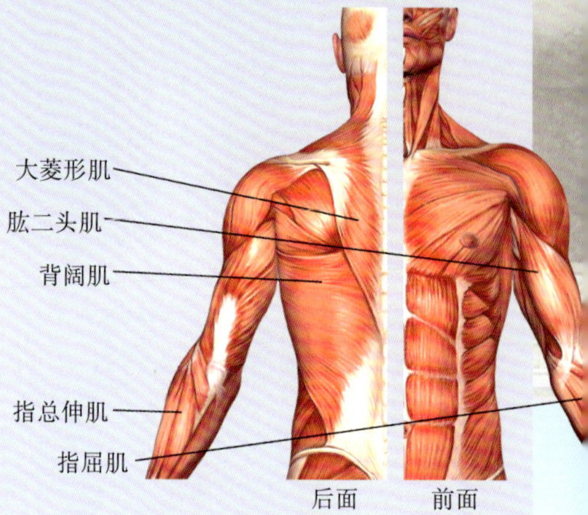


背部

## 动作要领

- 动作全程背部保持平直。
- 哑铃移至最高点时背部用力收缩。

## 避免

- 弓背。
- 身体重心过分摆动。
- 哑铃随动作完成的惯性下落。

# 站立单臂弹力带划船

站立单臂弹力带划船是强化斜方肌和核心肌群的功能性练习。除对上背部肌群有良好锻炼效果之外，此练习还有利于身体的稳定性和改善不同肌群的协调性。

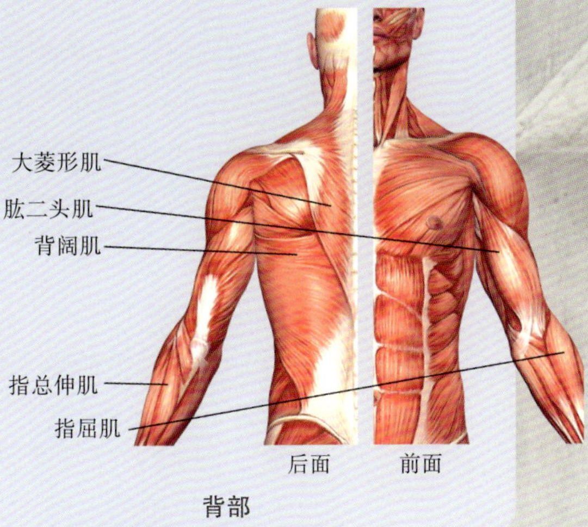


**第一步：**以较低角度固定弹力带一端，练习者手握弹力带另一端。

**第二步：**上背前倾，双脚错开站立。

**第三步：**转动躯干，同时向同侧胸部牵拉弹力带。

**第四步：**收缩拉紧，之后回至初始位置。每侧重复 8~10 次。

### 动作要领

- 动作全程背部保持平直。
- 核心肌群绷紧。

### 避免

- 向腹部牵拉过低。
- 动作速度过快或摆动过大。
- 过多利用臂部力量代替背部。

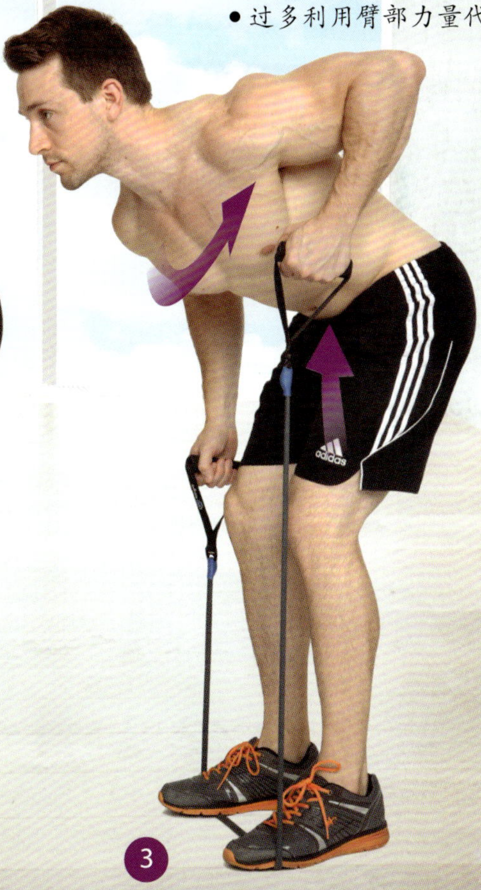

# EZ 曲杆杠铃上拉

EZ 曲杆杠铃上拉是与胸部训练相关的经典练习。此练习可以有效地强化背部的锯肌和背阔肌。此练习也不同于三头肌臂伸，区别在于整个手臂要上移过头而不是仅仅前臂屈曲。

**第一步：** 起始为平躺于卧推凳上，头部支撑，双腿屈曲，两脚平放于地面。

**第二步：** 两手握住杠铃曲杆的内侧，上伸至胸上。

**第三步：** 向后屈臂至头后方，同时伸展躯干。之后，背部上抬用力至初始位置。重复 8~10 次。

### 目标肌肉

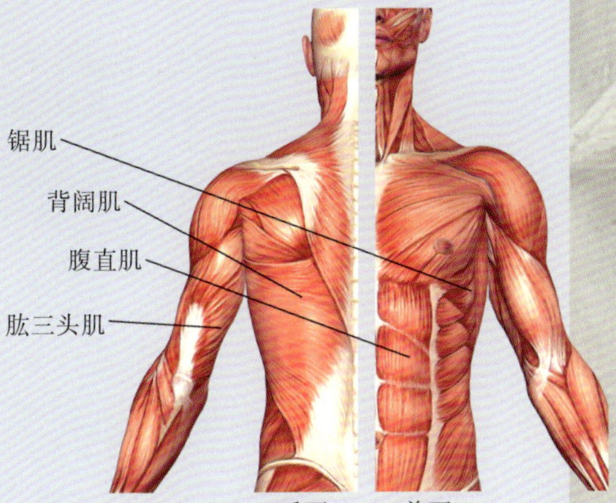


背部

**动作要领**

- 头部始终支撑于条凳上。
- 臂部在头后完全伸展。
- 整个动作过程中腰部保持平直。

**避免**

- 弓背。
- 身体过度摆动。
- 躯干伸展过程中臂伸直。

# 腹背伸展

腹背伸展是非常高效的腰部练习，但练习时需要特别小心——注意动作的活动幅度和速度。

**第一步：** 俯卧于条凳上，大腿支撑，上体悬空。

**第二步：** 双腿靠拢，两手交叉于胸前。

**第三步：** 躯干上抬至身体呈一条直线，在动作最高处臀和后背收缩屈曲。躯干下降，重复 12~15 次。

### 动作要领

- 躯干上抬时要有控制。
- 躯干保持正确的姿势以保持稳定性。
- 在动作最高点时背部用力收缩。

### 避免

- 身体动作过大。
- 两腿间距离过大。

目标肌肉

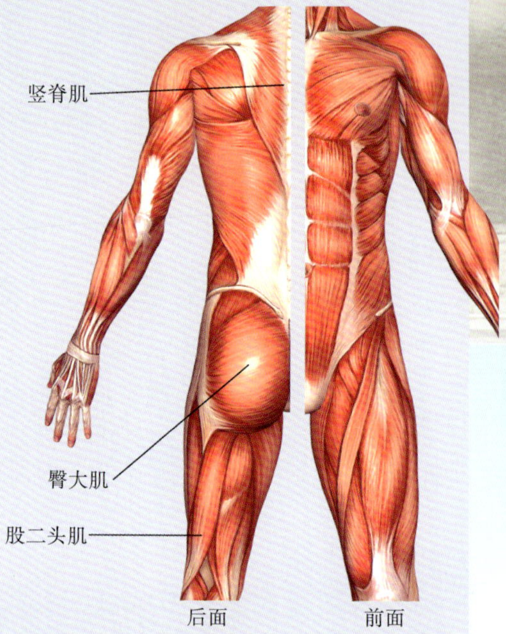


背部

# 扭转腹背伸展

扭转腹背伸展是腹背伸展练习的高级变式，不仅强化腰部，而且可以加强整个核心肌力。练习时亦要注意动作的幅度和速度。

**第一步：** 练习者俯卧于条凳上，大腿支撑，上体悬空。

**第二步：** 双腿靠拢，肘向外展，双手置于耳侧。

**第三步：** 躯干上抬，同时自腰部左转。

**第四步：** 躯干下沉再上抬，之后转至对侧。每侧重复 6~8 次。

目标肌肉

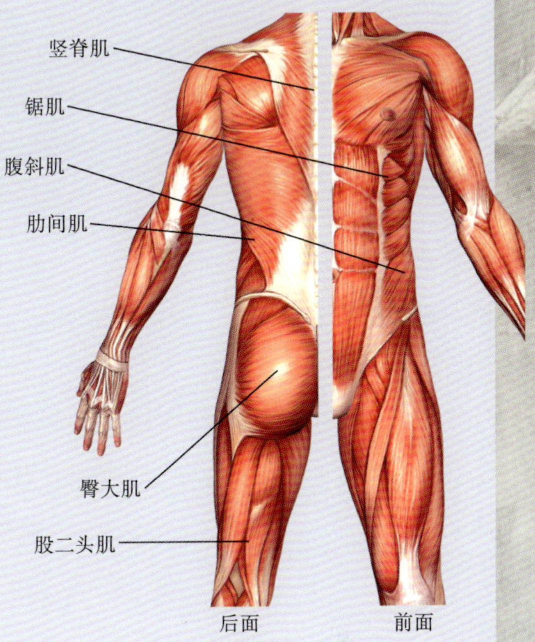


背部

### 动作要领

- 躯干上抬时要有控制。
- 躯干扭转要保持幅度一致。
- 在动作最高点时背部用力收缩。

### 避免

- 背后伸得过高。
- 身体动作过大。
- 两腿间距离过大。

# 双臂壶铃划船

双臂壶铃划船是高效的上背部力量练习，也可提高上体肌群的稳定性。练习时背部要平直，动作要有控制，注意保持适当的动作速度。

**第 1 步：** 手持一对壶铃垂直站立。

**第 2 步：** 腰部屈曲向前，背部保持平直，膝微屈，臀后伸。

**第 3 步：** 尽力收缩背阔肌，向胸部上提壶铃。

**第 4 步：** 壶铃下沉至手臂完全伸直。重复 8~10 次。

目标肌肉

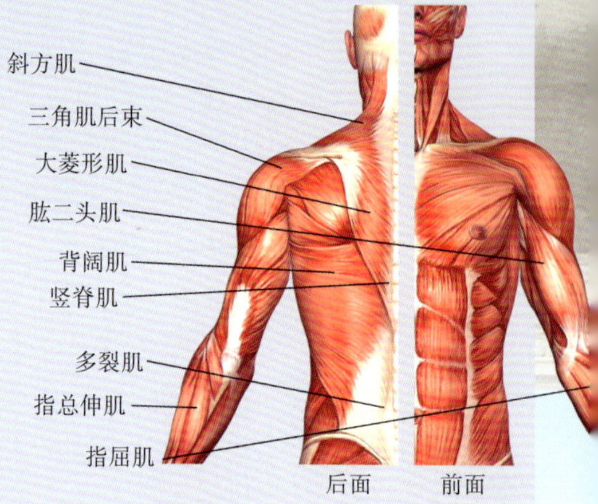


背部

**动作要领**

- 动作全程保持背部平直。
- 向胸部而不是肩部上提壶铃。
- 在动作最高点时背部用力收缩。

**避免**

- 驼背。
- 身体过度摆动。
- 壶铃随动作完成惯性下落。

# 双臂壶铃交替划船

双臂壶铃交替划船主要强化中背部肌群的力量，亦有益于二头肌和背阔肌。练习者可以双手同时提起壶铃以减少难度，或者采用单腿站立的姿势完成动作以增加挑战性。

**第一步：**双脚分开与肩同宽站立，双手握持壶铃于体前。腰部向前微屈，背保持平直。

**第二步：**右臂屈曲向腹部上提壶铃，之后壶铃下落至右臂伸直。

**第三步：**然后左臂上提壶铃，回落。每侧手臂重复 8~10 次。

**目标肌肉**

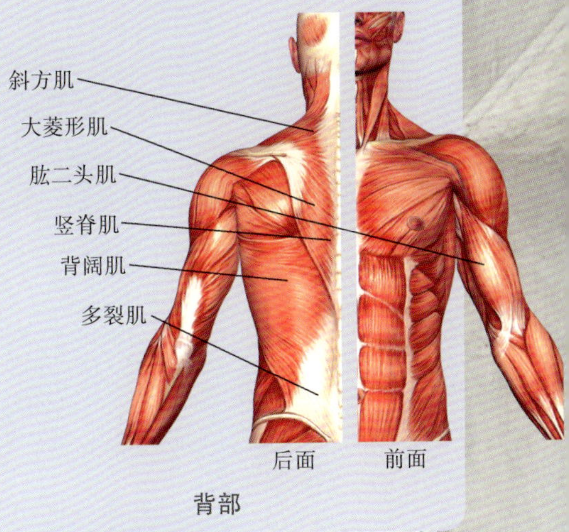


**动作要领**

- 动作全程保持背部平直。

**避免**

- 核心部位转动。

# 双臂交替变节划船

双臂交替变节划船是又一项强化中背部肌群的有效训练方法，亦有益于腹部肌群、二头肌、胸肌、背阔肌和三头肌。

**第一步：**双手握撑一对壶铃，身体呈俯卧撑姿势。

**第二步：**两脚尖撑地，保持核心部位稳定并平行于地面。右手向胸部上提壶铃，同时左臂伸直，向地面推压壶铃。

**第三步：**右臂回落，左臂重复动作。每侧手臂重复 8~10 次。

### 目标肌肉

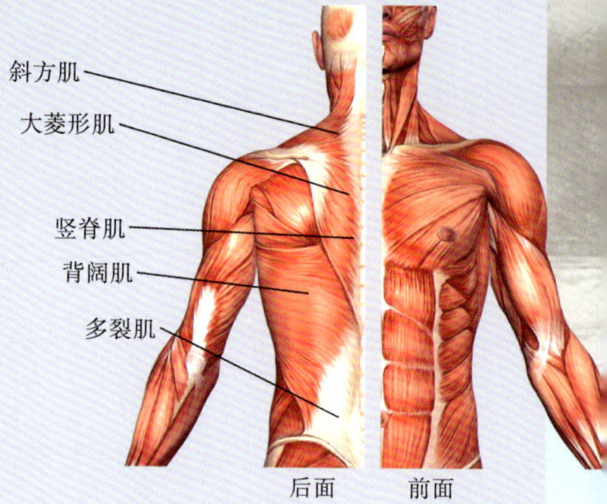


背部

### 动作要领

- 动作全程保持核心部位稳定、平直。

### 避免

- 壶铃重重地砸落地面。

# 弹力带拉开

弹力带拉开是主要针对中背部肌肉、斜方肌和肩部肌肉的简单训练方法，能够直接强化肩肌力量、增大肩肌体积。

**第一步：** 双脚分开与肩同宽站立，双手亦分开与肩同宽，在体前拉直弹力带。

**第二步：** 保持手掌向下，两手于胸前向两侧用力拉长弹力带，适当保持后回至初始位置。重复10~15 次。

目标肌肉

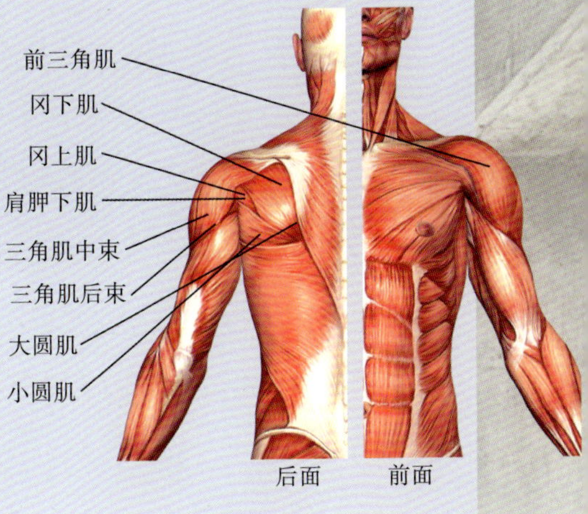


背部

动作要领

- 保持肩部向后。

避免

- 借助惯性完成动作。

# 杠铃硬拉

杠铃硬拉练习可以提高躯干肌群的力量和体积，有益于一系列肌群，包括竖脊肌、四头肌、臀肌、腘旁肌、二头肌，以及核心肌群、前臂肌等。练习者可以减轻杠铃重量以降低难度，或者采用双脚靠近的方式而增加动作活动度。

**第一步：**双脚分开与肩同宽，站立于杠铃前，直视前方，下蹲，双手分开略宽，抓紧杠铃。确保膝关节贴近杠铃杆。

**第二步：**脚踝下推发力站立起身，同时两臂伸直抓握杠铃上提。注意动作全程背部保持平直。

**第三步：**身体握提杠铃完全直立，之后小心地将杠铃回放至地面。重复 6~8 次。

目标肌肉

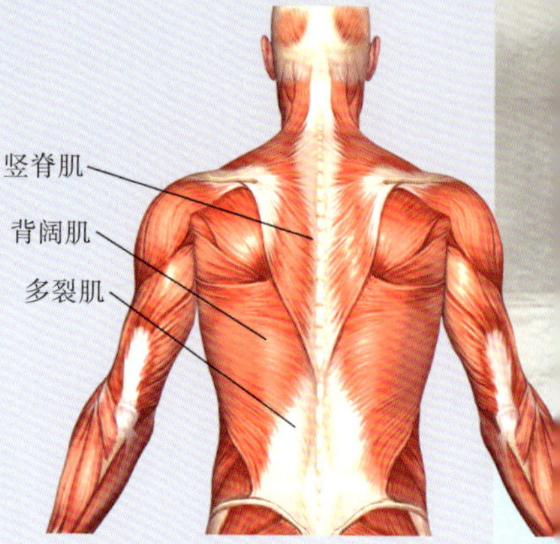


背部

**动作要领**

- 利用臀部力量辅助完成动作。

**避免**

- 背部过屈。

# 杠铃挺举

杠铃挺举练习可以提高肩部和上背部肌群的力量和体积，特别是三角肌和三头肌。此练习还有益于大腿肌、臀肌、胭旁肌和核心肌。练习者可以用哑铃代替杠铃或者减轻杠铃重量来调节动作难度。

**第一步：** 双脚分开与肩同宽，站立于杠铃前，下蹲，双手分开略宽，抓紧杠铃。

**第二步：** 起身回至站立位，同时抓握杠铃提至上胸部。

**第三步：** 杠铃上举过头，两臂伸直。

**第四步：** 杠铃下落回至上胸部，向下翻转杠铃回放至地面。重复 6~8 次。

### 动作要领

- 利用腿部力量辅助动作开始。

### 避免

- 背部过屈。

目标肌肉

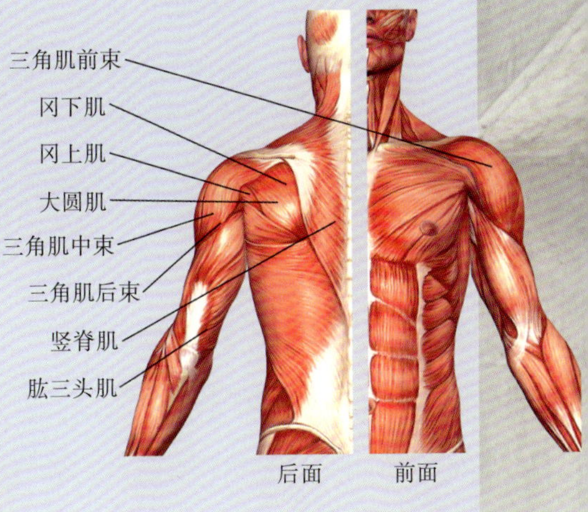


肩部肌肉和三头肌

# 坐姿下拉

坐姿下拉练习主要针对背阔肌、前臂肌和二头肌，提高背部肌群的力量和宽度。练习者双手握距加宽可以降低动作难度，握距减小可增加动作难度。

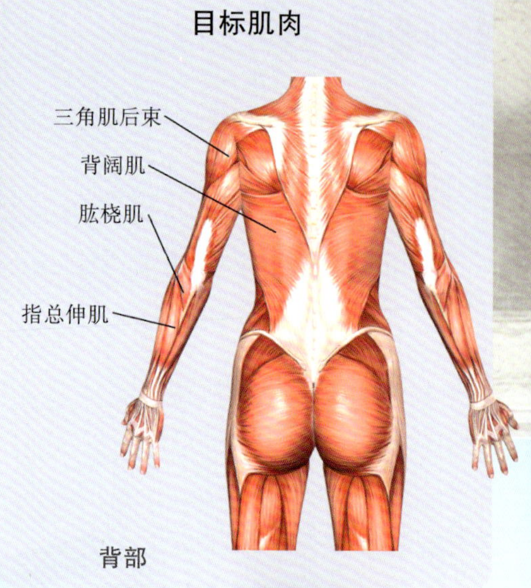


**第一步：** 练习者坐于下拉训练机前，双手分开比肩略宽，手掌向下抓紧横杆。

**第二步：** 下拉横杠至上胸部。

**第三步：** 横杆有控制地回升，直至两臂完全伸直。重复 8~10 次。

### 动作要领

- 垂直端坐，背保持平直。

### 避免

- 下拉横杆至颈后。

# 杠铃直立划船

杠铃直立划船练习可以提高斜方肌的力量和体积。此练习还有益于三角肌前束、上背肌、前臂肌、二头肌和核心肌。减轻杠铃重量可以降低动作难度。

**第一步：** 练习者双手握距略窄，抓握杠铃于体前，双臂伸直。

**第二步：** 身体保持直立，垂直上提杠铃。

**第三步：** 杠铃提至近下颌处，之后下落回至初始位置。重复 10~12 次。

### 动作要领

- 杠铃始终贴近身体。
- 肘部用力引领动作。

### 避免

- 杠铃击打下颌。

目标肌肉

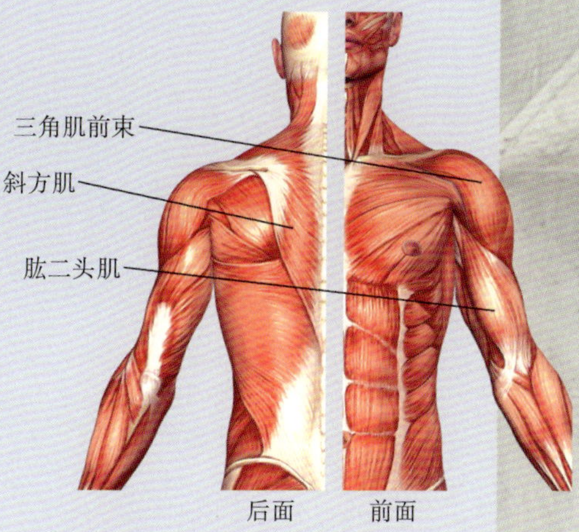


斜方肌

# 运动方案

以下运动方案主要根据练习者不同的训练目标和参数设定，这些运动方案的活动范围和运动强度各有不同，自成体系并具有挑战性，为如何将一系列训练方法结合在一起达到个人健体塑形的目标提供了范本。请在保证安全的前提下慢慢来，最重要的是，尽情享受运动的快乐吧！

# 初学者运动方案

适用于各个水平的练习者，初学者尤其适宜。

1 杠铃卧推，p. 84

2 瑞士球哑铃摆动，p. 80

5 哑铃肩压举，p. 97

6 杠铃臂屈，p. 126

8 杠铃深蹲，p. 30

9 卧位屈腿，p. 25

3 坐姿下拉，p. 144

4 杠铃硬拉，p. 142

7 辅助臂下沉，p. 120

10 小腿站立上提，p. 51

# 上体运动方案

针对性地加强上半身主要肌群的力量。

1 瑞士球斜靠哑铃推举，p. 78

2 瑞士球哑铃摆动，p. 80

5 宽握杠铃高拉，p. 129

8 瑞士球哑铃臂屈曲，p. 124

9 哑铃耸肩，p. 104

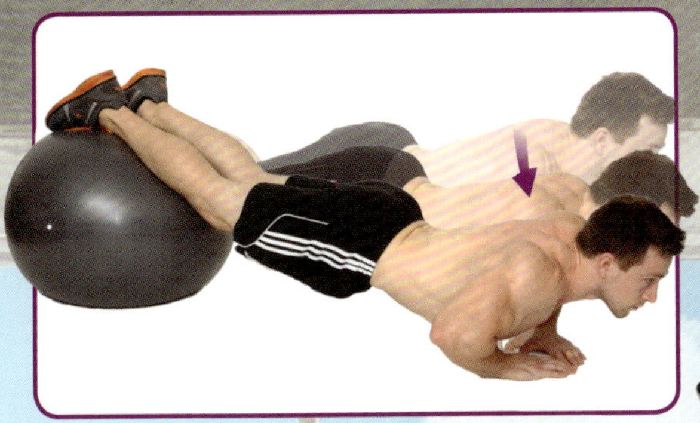

3 下倾俯卧撑，p. 82

4 EZ 曲杆杠铃上拉，p. 134

6 双臂壶铃划船，p. 138

7 哑铃动力上提反推，p. 95

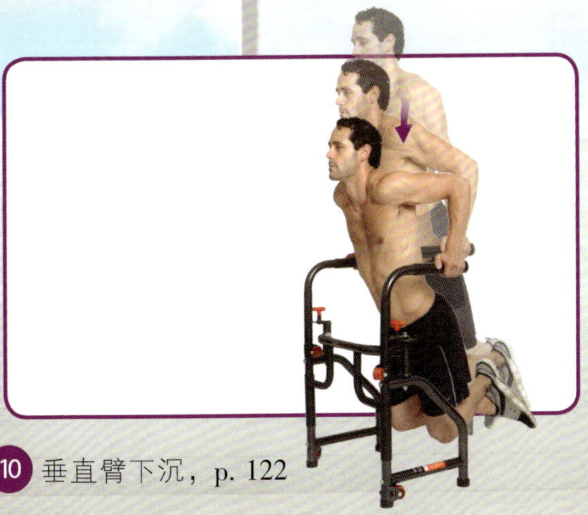

10 垂直臂下沉，p. 122

# 下体运动方案

针对性加强下半身主要肌群的力量。

1 壶铃八字绕，p. 26

2 背直深蹲，p. 32

5 单侧腿伸展，p. 34

6 坐位腿伸展，p. 24

9 小腿站立上提，p. 51

10 原地登山，p. 48

3 高脚杯深蹲，p. 45

4 反向弓箭步，p. 50

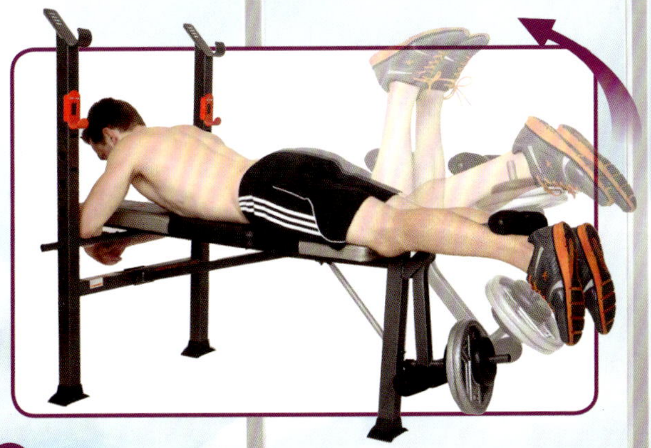

7 卧位屈腿，p. 25

8 杠铃挺举，p. 143

# 技能运动方案

针对性加强爆发力和动力。

1 俯卧撑，p. 81

2 壶铃加强式俯卧撑，p. 88

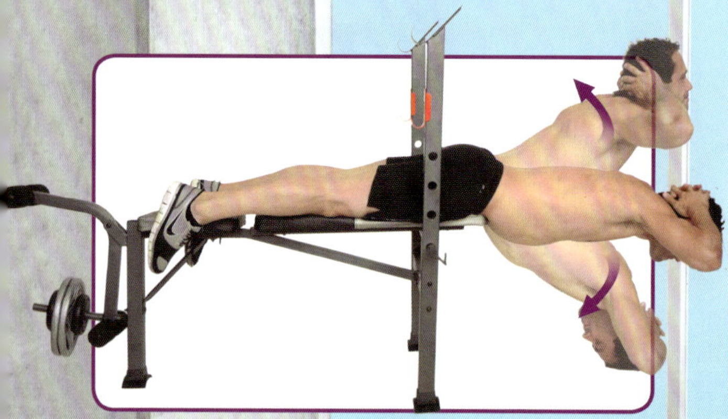

5 腹背伸展，p. 136

6 杠铃硬拉，p. 142

9 卧位屈腿，p. 25

10 坐位小腿上提，p. 52

3 EZ 曲杆杠铃上拉，p. 134

4 单杠反手窄握引体向上，p. 128

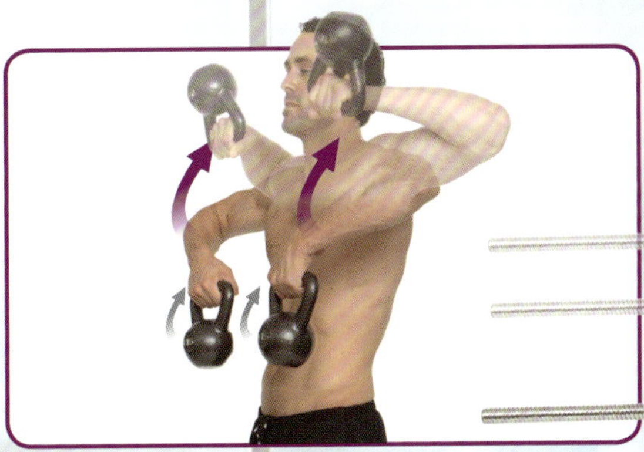

7 双壶铃上提反举，p. 96

8 杠铃深蹲，p. 30

# 自身体重负荷运动方案

利用自身体重作为负荷，提升全身力量。

1 立卧撑跳，p. 41

2 俯卧撑，p. 81

5 仰卧起坐，p. 56

8 扭转腹背伸展，p. 137

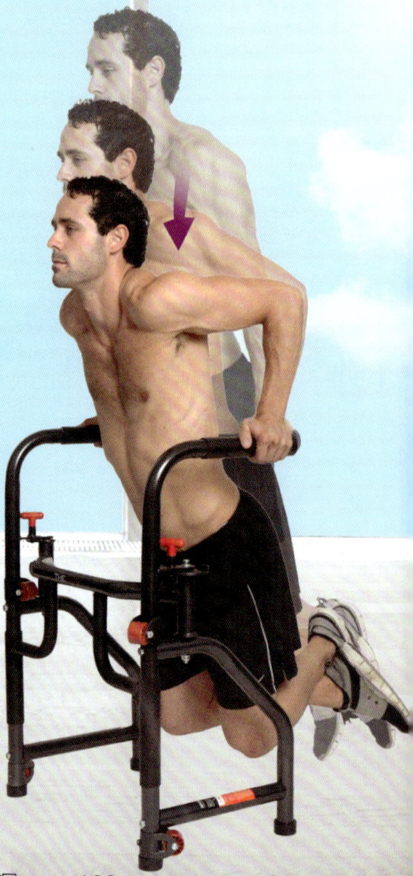

9 垂直臂下沉，p. 122

3 下倾俯卧撑，p. 82

4 壶铃加强式俯卧撑，p. 88

6 侧向低弓箭步，p. 36

7 腹背伸展，p. 136

10 增强式俯卧撑，p. 90

# 终级版运动方案

加强力量练习的最高强度和终级挑战。

1 瑞士球哑铃摆动，p. 80

2 壶铃加强式俯卧撑，p. 88

5 杠铃硬拉，p. 142

6 壶铃上下臂屈摆，p. 127

9 杠铃深蹲，p. 30

10 跳箱，p. 40

3 单杠反手窄握引体向上，p. 128

4 扭转腹背伸展，p. 137

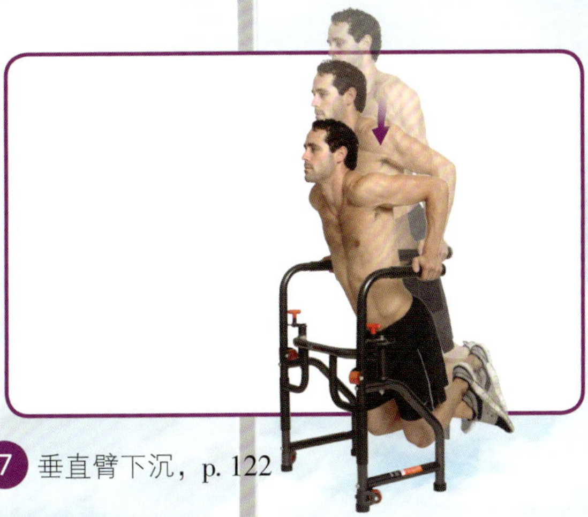

7 垂直臂下沉，p. 122

8 增强式俯卧撑，p. 90

# 运动健康
# 完全图解系列

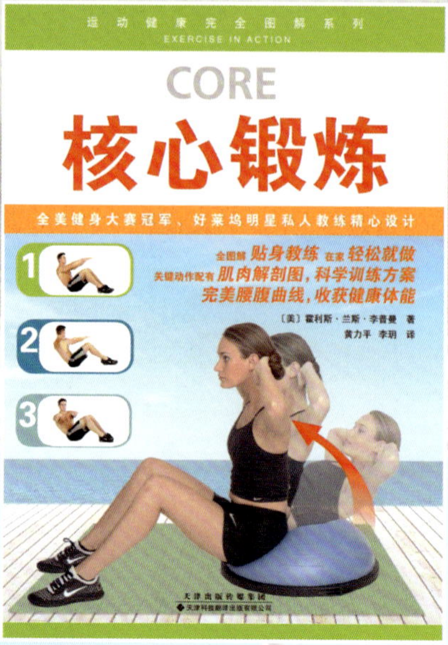


《核心锻炼》

《力量锻炼》

《瑜伽》